who? Biography No.1

who?

글 이숙자

만화 스토리 작가로 왕성하게 활동하고 있습니다. 지금까지 고전, 명작, 과학, 논술, 경제 등 다양한 분야의
학습 만화 작업을 해 왔습니다. 현재는 어린이들이 닮고 싶고, 되고 싶은 인물 이야기를 쓰는 데 열중하고 있습니다.

그림 스튜디오 청비

기발한 상상력을 바탕으로 새롭고 재미있는 콘텐츠를 만들어 내는 만화 창작 집단입니다. 어린이들이 책을 읽고
큰 꿈을 품기를 바라는 마음으로 즐겁게 작업하고 있습니다. 작품으로 《성철 스님》, 《아 다르고 어 다른 우리말 101가지》,
《반기문 유엔 사무총장의 꿈과 도전》 등이 있습니다.

감수 김민선(국민대 언론정보학부 겸임 교수)
진로 탐색 감수 이랑(한국고용정보원 전임연구원)
추천 송인섭(숙명 여자 대학교 명예 교수)

 아티스트

안도 다다오

초판 1쇄 인쇄 2021년 2월 1일
초판 1쇄 발행 2021년 3월 26일

글 이숙자 그림 스튜디오 청비
펴낸이 김선식

경영총괄 김은영
어린이 콘텐츠사업1팀장 채정은 **어린이 콘텐츠사업1팀** 전희선 권유선 남정임 최서원
마케팅본부장 이주화 **마케팅4팀** 오하나 이예주
전집사업본부장 오선희 **전집사업팀** 김삼주 최미리 **영업팀** 이선희 조지영 박상준 강민재
미디어홍보본부장 정명찬 **홍보팀** 안지혜 박재연 이소영 김은지
저작권팀 한승빈 김재원
경영관리본부 허대우 하미선 박상민 윤이경 권송이 김민아 이소희 김재경 최완규 이우철 이지우

펴낸곳 다산북스 **출판등록** 2005년 12월 23일 제313-2005-00277호
주소 경기도 파주시 회동길 490 2층 **전화** 02-703-1723 **팩스** 070-8233-1727
다산어린이 공식 카페 cafe.naver.com/dasankids **who? 시리즈몰** www.whomall.co.kr
종이 · 인쇄 · 제본 (주)갑우문화사

ISBN 979-11-306-3516-3 (14990)

안도 다다오

Ando Tadao

다산
어린이

자신만의 멘토를 만날 수 있는 who? 시리즈

다산어린이의 〈who?〉 시리즈는 어린이들은 물론 어른들에게도 재미와 감동을 주는 교양 만화입니다. 〈who?〉 시리즈는 전 세계 인류에 영향력을 끼친 인물들로 구성되었으며 인물들의 삶과 사상을 객관적으로 전해 줍니다.

이처럼 다양한 나라와 분야에서 활약한 위인들의 이야기를 통해 과학, 예술, 정치, 사상에 관한 정보는 물론이고, 나라별 문화와 역사까지 배우게 될 것입니다. 〈who?〉 시리즈의 가장 큰 장점은 위인들이 그들의 삶에서 겪은 기쁨과 슬픔, 좌절과 시련, 감동을 어린이들이 함께 느낄 수 있다는 것입니다. 어린이들은 이 책을 읽으면서 폭넓은 감수성을 함양하게 됩니다.

〈who?〉 시리즈의 어린이 독자들이 책 속의 위인들을 통해 자신만의 멘토를 만나 미래의 세계적인 리더로 성장하기를 진심으로 응원합니다.

존 덩컨 미국 UCLA 동아시아학부 교수

존 덩컨(John B. Duncan) 교수는 한국학 분야의 세계적인 석학으로 미국 UCLA 한국학 연구소 소장 및 동 대학의 동아시아학부 교수를 겸직하고 있습니다. 하버드 대학교 교환 교수와 고려 대학교 해외 교육 프로그램 연구센터장을 역임했으며, 주요 저서로는 《조선 왕조의 기원》, 《조선 왕조의 시민 행정의 제도적 기초》 등이 있습니다.

세상을 더 나은 곳으로 만든 사람들의 이야기

　　어린이들은 자라면서 수많은 궁금증을 가지게 됩니다. 그중에서도 "저 사람은 누굴까?"라는 질문은 종종 아이들의 머릿속을 온통 지배해 버리기도 합니다. 다산어린이에서 출간된 〈who?〉 시리즈는 그런 궁금증을 해결해 주기 위해 지구촌 다양한 분야의 리더들을 소개하고 있습니다.

　　〈who?〉 시리즈에 등장하는 인물들은 인종과 성별을 넘어 세상을 더 나은 곳으로 만든 사람들입니다. 어린이들은 이 책에서 디지털 아이콘으로 불리는 스티브 잡스는 물론 니콜라 테슬라와 같은 천재 발명가를 만날 수 있습니다.

　　책 속 주인공들의 어린 시절 이야기를 통해 기쁨과 슬픔, 도전과 성취감을 함께 맛보고, 그들과 함께 성장하면서 스스로 창조적이고 인류에 도움이 되는 사람이 되겠다는 포부와 자신감을 갖게 될 것입니다.

　　〈who?〉 시리즈 속에서 다채롭고 생동감 넘치는 위인들의 이야기를 만나 보세요.

에드워드 슐츠 하와이 주립 대학교 언어학부 교수

에드워드 슐츠(Edward J. Shultz) 하와이 주립 대학교 언어학부 교수는 동 대학의 한국학센터 한국학 편집장을 역임한 세계적인 석학입니다. 평화봉사단 활동의 하나로 한국에서 영어 교사로 근무한 경험이 있으며, 현재 한국과 미국, 일본을 오가며 활발한 활동을 펼치고 있습니다. 저서로는 《중세 한국의 학자와 군사령관》, 《김부식과 삼국사기》 등이 있고, 한국 중세사와 정치에 대한 다수의 기고문을 출간했습니다.

미래 설계의 힘을 얻는 길이 여기에 있습니다

어린이가 성장하는 시기에는 스스로 미래를 설계하며 다양한 책을 접하는 경험이 필요합니다.

어린 시절 만난 한 권의 책이 인생에 미치는 영향이 얼마나 큰지는 꿈을 이룬 사람들의 말을 통해서 알 수 있습니다. 빌 게이츠는 오늘날 자신을 만든 것은 동네의 작은 도서관이었다고 말하고, 오프라 윈프리는 어린 시절 유일한 친구는 책이었음을 고백하며 독서의 중요성에 대해 이야기합니다.

꿈을 이룬 사람들의 공통점은 또 있습니다. 그들에게는 어린 시절, 마음속에 품은 롤 모델이 있었습니다. 여러분의 롤 모델은 누구인가요? 〈who?〉 시리즈에서는 현재 우리 어린이들이 가장 닮고 싶어하는 롤 모델을 만날 수 있습니다. 버락 오바마, 빌 게이츠, 조앤 롤링, 스티브 잡스 등 세상을 바꾼 사람들의 감동적인 이야기를 담은 〈who?〉 시리즈는 어린이들이 구체적인 목표를 설정하고 희망찬 비전을 세울 수 있도록 도와줄 친구이면서 안내자입니다. 〈who?〉 시리즈를 통하여 자신의 인생 모델을 찾고 미래 설계의 힘을 얻을 수 있습니다.

송인섭 숙명 여자 대학교 명예 교수

숙명 여자 대학교 명예 교수이자 한국영재교육학회 회장으로 자기주도학습 분야의 최고 권위자입니다. 한국교육심리연구회 회장, 한국교육평가학회장, 한국영재연구원 원장을 역임했습니다. 자기주도학습과 영재 교육의 이론을 실제 교육 현장에 적용하기 위해 노력하고 있습니다.

평생을 이끌어 줄
최고의 멘토를 만날 수 있는 책

10대에 가장 중요한 것은 무엇일까요? 학과 공부와 입시일까요? 우리나라 최초의 국제회의 통역사로 30년 동안 활동하면서 글로벌 리더들을 만날 기회가 수없이 많았던 저는 대한민국의 초등학생들에게 특별한 조언을 해 주고 싶습니다. 그것은 큰 꿈을 가지는 것이 무엇보다 중요하다는 것입니다.

꿈은 힘들고 지칠 때 나를 이끌어 주는 힘이고 내 인생의 주인이 되어 일어설 수 있게 하는 원동력이 되어 줍니다. 꿈이 있는 아이가 공부도 잘하고 결국 그 꿈을 실현할 수 있게 되는 것입니다. 저 역시 어린 시절 품었던 꿈이 지금의 자리에 있게 한 원동력이었습니다. 남들이 모르는 큰 꿈을 마음속에 간직하고 있었기에 괴롭고 힘들어도 포기하지 않고 다시 일어설 수 있었습니다.

어린 시절 저에게도 힘들고 지칠 때마다 용기를 불어넣어 주고 힘이 되어 주었던 분들이 있었습니다. 지금의 자리로 저를 이끌어 준 멘토들처럼 〈who?〉 시리즈에서 여러분의 친구이자 형제, 선생이 되어 줄 멘토를 만날 수 있기를 바랍니다.

최정화 한국 외국어 대학교 교수

우리나라 최초의 국제회의 통역사로 현재 한국 외국어 대학교 통번역대학원 교수로 재직 중입니다. 세계 무대에서 자신의 꿈을 이룬 여성 신화의 주인공으로, 역시 세계에서 꿈을 펼치려고 하는 청소년들에게 멘토로서의 역할을 충실히 하고 있습니다. 저서로는 《외국어 내 아이도 잘할 수 있다》, 《외국어를 알면 세계가 좁다》, 《국제회의 통역사 되는 길》 등이 있습니다.

Ando
Tadao

안도 다다오

안도 다다오는 일본 출신의 세계적인 건축가예요. 인테리어
아르바이트로 돈을 버는 틈틈이 건축과 관련된 책을 읽고, 도면을
그리며 혼자 건축을 공부했지요. 독특한 그의 건축을 비난하거나
무시하는 사람도 있었지만, 그는 자신의 신념을 지켰어요. 자연
환경을 고려한 그의 건축물은 지금도 많은 사람에게 사랑받고
있답니다.

- 이름: 안도 다다오
- 생몰년: 1941년~
- 국적: 일본
- 직업·활동 분야: 건축가
- 대표작: 〈스미요시 나가야〉,
  〈타임즈〉, 〈록코 집합 주택〉

외할머니

어머니 밑에서 자란 쌍둥이 동생과는 달리, 안도 다다오는 태어나면서 외갓집에 맡겨졌어요. 외할머니는 어린 손자가 많은 일을 혼자 할 수 있도록 도왔고, 덕분에 다다오는 독립심을 기를 수 있었어요.

아즈마

안도 다다오만의 신념이 잘 드러난 초기 건축물, 스미요시 나가야의 집주인이에요. 많은 사람이 불편을 감수해야 하는 독특한 집 구조를 비판했지만, 아즈마는 건축가인 안도 다다오를 믿고 설계를 맡겼어요. 그는 자연과 조화를 이룬 이 집에서 오랜 세월 살았답니다.

들어가는 말

- 독학만으로 세계적인 건축가가 된 안도 다다오의 삶과 그의 건축 철학을 들여다보아요.
- 안도 다다오 이외의 세계적인 건축가와 건축물에 관해 알아봅시다.
- 안도 다다오와 같은 건축가가 된다면 어떤 건물을 지을 수 있을지 생각해 볼까요?

1 할머니의 가르침

1941년, 안도 다다오는 일본의 상업 도시인 오사카에서 태어났습니다.

쌍둥이라 누가 형이고, 누가 아우인지 모르겠구나.

제가 첫아이를 낳으면 친정인 안도 가문의 대를 잇게 하기로 했잖아요.

허허허, 고 녀석
참······.

여보, 다다오 같은
장난꾸러기는 엄하게
키워야 해요.

안도 다다오가 초등학교에 입학한 지 얼마 되지 않아 외할아버지가
돌아가셨습니다. 그 뒤 안도 다다오는 좁고 길쭉한 2층짜리
주택에서 외할머니와 단둘이 살게 되었습니다.

다다오,
지각하면 어쩌려고
아직도 자니?

너무 추워서
밤에 잠을 못 잤더니,
눈이 안 떠져요.

장사하느라 늘 바빴던 외할머니는 안도 다다오에게 공부하라는 잔소리를 한 번도 하지 않았습니다. 그래서 안도 다다오는 초등학교와 중학교에 다니는 내내 공부보다는 운동에 더 많은 관심을 쏟았습니다.

아, 심심해. 집에 가 봤자 아무도 없을 텐데……, 친구들은 언제 오려나?

어라, 갑자기 비가 오네?

할머니, *테루테루보즈 인형을 창문에 걸어 두고 비가 그치길 빌면 정말 이루어지나요?

그렇단다.

*테루테루보즈 인형: 일본의 풍습으로 날이 개길 바라며 하얀 천이나 종이로 만들어 처마 끝에 매다는 인형

테루테루보즈 인형님,
친구들과 놀아야 하니,
부디 비가 그치게 해 주세요.

녀석,
씩씩하게 자라 주어
고맙구나.

안도 다다오는 야구를 하지 않는 날에는
아이들을 이끌고 칼싸움이나
딱지치기 등의 놀이에 열중했습니다.

내 칼을
받아라!

저기예요, 저기!

이게 벌써 몇 번째니?
요이치가 우리 집안에서 얼마나
귀한 아들인지 알아?

매번 정말 미안합니다.
용서해 주세요.

애가 부모 손에
크지 않아서 그런가
공부는 안 하고 깡패
짓이나 하니……

할머니…….

어째서 툭하면
싸움질이니?

그 애가 먼저
약속을 어기고
비겁하게
굴었어요.

다다오,
변명하지 마!
그건 아주
나쁜 버릇이야!

다다오, 엄마 왔다~.

형, 다카오도 왔어.

와, 엄마다! 엄마가 왔어!

어머니, 그동안 안녕하셨어요?

다다오, 안도 집안의 아들답게 씩씩하게 잘 자랐구나.

네? 엄마의 아들이 아니라, 안도 집안의 아들이라고요?

다다오, 그게······.

형은 안도 다다오가 맞잖아!

나는 기타야마 집안의 아들. 형은 안도 집안의 아들. 그렇지, 엄마?

얘들아, 그게 말이지······.

그렇구나.
내 이름은 안도 다다오.
동생은 기타야마 다카오.
난 동생과 달라.
엄마랑 함께
살지도 않는걸.

하지만 나도 다카오처럼
무서운 할머니 대신,
자상한 엄마랑
살고 싶어.

엄마와 동생이 집에 다녀간 뒤, 엄마를 그리워하던
안도 다다오는 병이 나고 말았습니다.

모두 소리 내어 책을 읽고 있는데,
다다오는 왜 가만히 있지?

선생님,
저 너무 아파요.

감기 걸렸니?

잘 모르겠어요.
기운도 없고,
목도 아파요.

아~
해 보아라.

아~

편도선이 심하게 부었구나! 선생님과 병원에 가자꾸나.

병원이요?

아~ 소리 내면서 입을 벌려 보아라.

아~

의사 선생님, 우리 다다오는 좀 어떤가요?.

편도선 수술을 받아야 합니다.

설마, 저 혼자 병원에 보내려는 건 아니죠?

자신의 일을 스스로 해결할 수 있을 만큼 너도 이제 다 컸다.

할머니는요? 저 혼자 어떻게 병원에 가서 입원하고, 수술을 받아요?

나는 가게에 장사하러 가야 한단다. 어서 가거라.

할머니는 진짜 병원에 안 가시려나 봐.

엄마랑 함께 살았다면,
같이 가 주었을 텐데⋯⋯.

나 진짜
무서운데⋯⋯.

아, 할머니!

그래, 할머니도 나를
걱정하고 계셨어.
무뚝뚝한 성격 탓에
그동안 표현하지
못하셨던 거야!

좋아! 누가 못 할 줄 알고?
할머니가 걱정하지 않도록 용기 내서
나 혼자 병원에 입원도 하고
수술도 받고 말 테다!

안도 다다오, 혼자 왔니?

네, 혼자 왔습니다!

아직 어린아이인데, 대단하구나.

그 일은 '인생에서 어떤 고통스러운 것도 자기 혼자 짊어지고 극복할 수 있는 강한 사람이 되어야 한다.'는 외할머니의 가르침이었습니다. 외할머니가 가르쳐 준 삶의 방식은 안도 다다오가 살아가는 밑바탕이 되었습니다.

오사카 상인 집안의 전통적인 합리성과 독립심을 몸에 익힌 외할머니 덕분에 안도 다다오는 어려서부터 스스로 생각하여 판단하고 행동하는 독립심을 기를 수 있었던 것입니다.

안도 다다오의 성공 열쇠

하나　할머니의 가르침

안도 다다오는 독학으로 건축을 공부하여 세계적인 건축가가 되었습니다. ⓒ krss

안도 다다오의 외할머니는 장사를 하느라 늘 바빴습니다. 그래서 여느 어머니들처럼 안도 다다오를 살뜰히 보살펴 주지는 못했지만, 기본적인 예절에 대해서는 아주 엄하게 가르쳤습니다. 안도 다다오는 외할머니를 통해 약속을 지키지 않는 일, 시간을 어기는 일, 거짓말을 하거나 변명을 하는 일은 절대로 해서는 안 된다는 가르침을 얻었습니다.

또한 외할머니는 안도 다다오가 인생에 있어서 어떠한 고통스러운 일도 스스로 짊어지고, 혼자의 힘으로 극복해 낼 수 있는 사람으로 자라길 바랐습니다. 그래서 초등학생인 안도 다다오가 편도선 수술을 받게 되었을 때에도, 외할머니는 입원부터 수술까지 모든 것을 안도 다다오 혼자서 하게 했습니다. 이러한 외할머니의 가르침 덕분에 안도 다다오는 어려서부터 스스로 생각하고 판단하여 행동하면서 독립심을 기를 수 있었습니다.

중학교를 졸업한 안도 다다오는 어려운 가정 형편을 생각해서 고등학교 진학을 포기하고 목수가 되려고 한 적이 있었습니다. 그러자 외할머니는 정말로 뛰어난 기술자가 되려면 먼저 충분한 지식을 쌓아야 한다며 고등학교에 진학할 것을 권했습니다.

유럽의 건축물을 보기 위해 안도 다다오가 일본 일주와 유럽 여행에 나설 때에도, 외할머니는 '자신에게 투자하는 돈을 아끼지 말라'고 용기를 주었습니다.

외할머니께서 가르쳐 준 이러한 삶의 방식은 지금도

안도 다다오가 태어나 자란 집 ⓒ hetgallery

안도 다다오가 성공한 건축가로 살아가는 바탕이 되고
있습니다.

둘

프로 권투 선수로서의 경험

안도 다다오는 고등학교 2학년이던 열일곱 살에
프로 권투 선수가 되었습니다. 프로 권투 선수가
되면 경기마다 경기료를 받는데, 안도 다다오는
최고 선수가 되어 그동안 고생하며 자신을 키워 준
외할머니를 편하게 모시고 싶었습니다.

하지만 안도 다다오가 2년 정도 프로 권투 선수
생활을 했을 무렵, 권투 선수로 사는 꿈을
접었습니다. 당시 일본 권투계의 최고 선수였던
하라다 선수의 경기를 보고 난 뒤, 하라다 선수의
민첩함과 힘, 심폐 기능, 회복력 등이 너무나 뛰어나
자신이 아무리 노력한다 해도 따라잡을 수 없을 것이라는
한계를 깨달았기 때문입니다.

2년 동안 최고의 선수가 되기 위해 온 힘을 다했던
만큼, 안도 다다오에게 권투를 그만둔다는 것은 큰
시련이었습니다. 더구나 고등학교 졸업을 코앞에
두고 있던 터라 고민이 더 컸습니다. 안도 다다오는
최고의 권투 선수가 되고자 운동에만 매달려 왔기
때문에 선수 생활을 그만둔 뒤 자신이 무엇을 할 수
있을지 막막했습니다.

하지만 프로 권투 선수로서의 경험은 안도 다다오를
강하게 만들었습니다. 권투는 시합 전 몇 개월을
오로지 혼자서 연습에 연습을 거듭하며 육체와 정신을
단련해야 하는 운동이었습니다. 이 과정을 수없이
반복했던 안도 다다오는 자신도 모르는 사이 강해져
있었고, 꿈을 찾아 한 걸음 다가설 수 있었습니다.

안도 다다오가 어린 시절 많은 추억을 쌓았던
요도강의 현재 모습입니다.

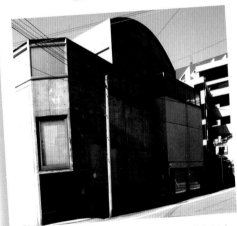

안도 다다오의 첫 번째 건축물인 도미시마 주택 ⓒ jutok

안도 다다오가 건축을 독학하면서 보았던 르코르뷔지에의 책입니다. ⓒ Michael Francis McCarthy

안도 다다오가 외울 정도로 따라 그렸던 르코르뷔지에의 도면입니다. ⓒ wallyg

셋 독학

집안 사정도 넉넉하지 못했고, 어릴 적부터 공부를 하지 않은 탓에 학습 능력이 부족했던 안도 다다오는 대학에 갈 수 없었습니다. 그렇지만 결코 꿈을 포기하지 않았습니다. 독학으로 건축을 공부하기로 마음먹은 안도 다다오는 공사장에서 힘들게 일하는 중에도 꿈을 이루기 위해 노력했습니다. 혼자서 하는 공부라 자칫 나태해질 수도 있었지만, 그는 끼니를 거르고 잠을 줄여 가면서 쉬지 않고 건축을 공부했습니다.

프랑스 건축가 르코르뷔지에의 작품집에 나온 도면을 모두 외울 정도로 열심히 공부한 안도 다다오는 대학의 건축학과 강의를 몰래 듣는 등 배움을 향한 열정을 불태웠습니다.

하지만 건축에 관한 기초 지식이 부족했던 안도 다다오에게 대학교의 강의는 들어도 무슨 내용인지 이해할 수 없는 것들이었습니다. 무엇보다 궁금한 것이 생겼을 때 함께 상의할 친구나 선생이 없어서 힘들었습니다.

하지만 이런 상황에서도 안도 다다오는 포기하지 않았습니다. 건축학과에서 사용하는 교재를 모조리 사다가 공부하였고, 그 결과 대학의 건축학과에서 배우는 수준의 지식을 짧은 시간 안에 터득할 수 있었습니다. 이외에도 안도 다다오는 건축 공부에 필요하다 싶으면 통신 교육, 야간 데생 교실 등 무엇이든 도전했습니다. 그리고 건축과 관련한 일을 닥치는 대로 경험해 나갔습니다.

이렇게 쌓은 지식과 경험들은 훗날 안도 다다오가 다른 건축가들과 다른, 안도 다다오만의 개성과 철학이 있는 건축물을 설계할 수 있는 발판이 되었습니다.

독학으로 건축을 공부하던 안도 다다오는 건축 관련
도서나 잡지에서 보던 그 건축물을 직접 눈으로 보고
싶어졌습니다.

1963년, 스물두 살의 안도 다다오는 일본 일주에
나섰습니다. 일본 근대 건축계의 전설인 단게 겐조의
건축물과 각지에 흩어져 있는 고건축물 및 토착
민가를 둘러보며 사람들의 생활 공간이 자연과 하나를
이루는 풍경을 본 안도 다다오는 현대 건축과는 또 다른
감동을 느꼈습니다.

안도 다다오가 일본 일주를 할 때 들렀던 토착 민가촌,
시라카와쿠니 ⓒ Bernard Gagnon

2년 뒤, 스물네 살이 된 안도 다다오는 일본에서 일반인의
해외 여행이 자유로워지자 유럽 여행을 떠나기로
결심했습니다. 당시 인테리어 디자인 일을 하고 있던
터라 장기간 유럽 여행을 갈 경우 업무의 흐름이 끊어질
뿐만 아니라 그동안 모아 두었던 돈도 모조리 써야 하는
상황이었습니다. 하지만 세계의 건축물을 직접 보고야
말겠다고 결심한 안도 다다오는 주위의 만류에도 불구하고
유럽 여행을 강행했습니다.

안도 다다오가 유럽 건축 여행 중 큰 감명을 받은
그리스의 파르테논 신전입니다. ⓒ isawnyu

북유럽 지역을 둘러보던 안도 다다오는 주어진 환경에
맞춰 공간을 낭비하지 않으면서도 빛과 바람 등 자연을
이용해 만들어진, 즉 사람을 배려한 건축물에 마음을
빼앗겼습니다. 그리고 지역이 달라지면 생활 공간도
달라진다는 사실을 깨달았습니다.

안도 다다오는 7개월간의 유럽 여행을 통해 책으로 익힌
지식과 실제 체험하며 이해한 지식은 같은 지식이라
할지라도 그 깊이가 전혀 다르다는 것을 깨닫게
되었습니다. 그래서 돈을 모아 계속 여행을 떠났고,
그때의 경험은 안도 다다오의 인생에서 가장 큰 재산이
되었습니다.

도미시마 주택을 개조하여 만든 오요도 아틀리에 II
ⓒ jutok

2 오사카의 가난한 동네

안도 다다오가 어린 시절을 보낸 동네에는 목공소, 철공소, 유리 공장 같은 조그만 가게들이 죽 늘어서 있었습니다.

나무를 자르고 다듬으면 가구가 되고, 집도 되다니, 참 신기해!

안도 다다오는 무엇이든 만드는 것을 좋아했습니다. 그래서 목공소뿐만 아니라 근처 철공소, 건축 자재 상점 등을 드나들면서 직접 쇳물을 부어 보고, 유리 풍선을 불어 보는 등 다양한 경험을 쌓았습니다.

그러는 중에도 안도 다다오는 틈틈이 집 근처 강가에서 친구들과 즐거운 추억을 쌓았습니다.

타쿠야, 그만 놀고 집에 가서 저녁밥 먹어야지!

나는 대학교까지 다닐 거야.

다다오! 그래도 최소한 고등학교는 나와야 해.

나는 중학교만 졸업하고 목수가 될 거야.

고등학교를 졸업하기까지 3년, 3년은 너무 길어.

그동안 할머니 혼자 나를 키우느라 너무 고생하셨어.

동상에 걸리지 않으려면, 손을 씻고 나서 수건으로 물기를 잘 닦아야 해.

빨리 목수가 되어서 할머니를 편안히 모시고 싶어.

고등학교 진학을 포기하고 목수가 되겠다고?

다른 사람들보다 일찍 시작하면 그만큼 앞서갈 수 있어요.

다다오, 혹시 집안 형편 때문에 그러니? 그렇다면, 아무 걱정하지 말고 고등학교에 가거라.

저는 초등학교 때부터 나무 다루는 기술을 익혔고, 이미 조수 일을 할 만큼 실력도 키웠어요. 고등학교에 가지 않아도 얼마든지 목수로 성공할 수 있다고요.

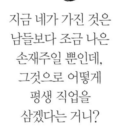

지금 네가 가진 것은 남들보다 조금 나은 손재주일 뿐인데, 그것으로 어떻게 평생 직업을 삼겠다는 거니?

너는 손으로 물건 만드는 것을 좋아하니 공업 고등학교에 진학하면 되겠구나.

외할머니의 진심 어린 조언은
안도 다다오의 마음을 움직였습니다.

나는 공업 고등학교에
다니기로 했어.

잘 생각했어.
우리는 네가 고등학교에
가지 않을까 봐
걱정했다고!

그런데 어떻게
생각을
바꾼 거야?

정말로 뛰어난 기술자가
되려면 먼저 충분한 지식을
쌓아야 할 것 같아.

그리고 지식이 뒷받침되지 않으면,
훌륭한 기술도 그저 얄팍한 손재주에
불과하니까.

우아! 어떻게 그런
생각을 했어?

우리 할머니
말씀이셔.

그럼 그렇지,
하하하!

중학교를 졸업하고 목수가 되려던
안도 다다오는 마음을 바꿔
공업 고등학교에 진학했습니다.

안도 다다오의 고향, 오사카

항구 도시인 오사카는 일본 제1의 상업 도시입니다. 오사카가 상업 도시가 된 데에는 도요토미 히데요시의 역할이 컸습니다. 당시 교토로 집중되어 있던 경제력을 자신의 터전인 오사카로 가져오기로 마음먹은 도요토미 히데요시는 전국의 유명하다는 상인을 모두 오사카로 불러들였습니다. 상인들은 도요토미가 마련해 준 동네로 집단 이주했고, 항구 도시라는 지리적 이점 덕분에 상인들은 그곳에서 전국의 시장을 좌지우지할 수 있게 되었습니다.

에도 시대(1603~1867년)에 오사카는 일본의 경제 중심지이자 일본과 한국, 중국을 연결하는 교통의 중심지였습니다.

안도 다다오는 어린 시절 오사카의 요도강 주변에서 친구들과 많은 추억을 쌓았는데, 이때의 추억은 훗날 안도 다다오의 건축에서 매우 중요한 역할을 했습니다. 건축에 물의 이미지를 끌어들이고, 사람들이 물을 가까이에서 즐길 수 있게 한 '타임즈', '물의 교회'가 그 대표적인 건축물입니다.

안도 다다오가 태어난 오사카의 자그마한 동네에는 목공소, 철공소, 유리 공장, 바둑돌 제작소 같은 작은 가게들이 줄지어 늘어선 곳이었습니다. 그 덕분에 어린 안도 다다오는 학교가 끝나면 그 가게에 들러 무엇이든 만들어 볼 수 있었습니다. 철공소에서는 직접 목형을 만들어 쇳물을 부어 보고, 유리 공장에서는 유리 풍선을 불어 보기도 했습니다. 특히 나무 냄새를 좋아하던 안도 다다오는 목공소에 드나들며 목수의 일을 어깨너머로 배웠고, 중학교

오사카는 항구 도시입니다. © 663highland

초고층 건물로 붐비는 오사카 시내의 모습입니다.

1학년 때에는 이미 간단한 작업 정도는 혼자서 해낼 정도로 실력을 키웠습니다.

이처럼 오사카는 안도 다다오에게 틀에 박히지 않은 감각을 익히게 해 주었고, 나아가 주변 자연환경과 다양한 재료를 사용하여 독창적인 건축을 할 수 있도록 해 주었습니다.

오사카성의 현재 모습입니다.

하나 ## 오사카성

오사카성은 도요토미 히데요시가 일본을 통일시킨 뒤 자신의 권력을 과시하기 위해 1583년에 10만 명의 인부를 동원하여 완성한 성입니다. 웅장한 규모에 금으로 덮여 번쩍였던 오사카성은 화려한 외관과는 달리 우여곡절이 많은 성이었습니다.

도요토미 히데요시가 죽은 뒤 그의 아들인 히데요리가 끝까지 성을 지켰지만, 도쿠가와 이에야스가 이끄는 세력에 의해 함락되어 불에 타기도 했고, 여러 차례 전쟁으로 허물어지기도 했습니다. 제2차 세계 대전 동안에는 오사카성의 동쪽 편에 있던 무기 공장 때문에 연합군의 표적이 되기도 했습니다.

1865년의 오사카성입니다.

하지만 1997년 재건된 뒤에는 오사카성과 성 주변의 공원에 많은 사람이 찾아오게 되었고, 오사카 최고의 명소가 되었습니다. 특히 봄에 벚꽃이 만개할 때와 가을에 알록달록 단풍이 들 때 더욱 아름답습니다. 오사카성 내에는 도요토미 히데요시를 기리는 조각을 비롯해 도요토미 히데요시와 오사카성의 역사를 보여 주는 자료가 보관되어 있습니다. 최상층인 8층에는 오사카 공원과 주변의 멋진 경치를 감상할 수 있는 전망대가 설치되어 있습니다.

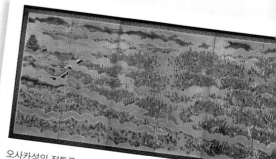
오사카성의 전투를 그린 그림입니다.

둘 오사카를 대표하는 인물, 도요토미 히데요시

도요토미 히데요시(1537~1598년)는 일본을 정치적으로
통일한 군주입니다. 가난한 무사의 아들로 태어나 바늘
장수와 하급 무사를 거쳐 천하제일의 자리에 오른 인물이자
일본 역사상 가장 극적인 신분 상승을 이루어 낸 사람이기도
합니다.

우리나라에서는 임진왜란을 일으킨 침략자이기 때문에
도요토미 히데요시가 동시대의 다른 인물들에 비해 거의
언급되고 있지 않습니다. 하지만 일본에서는 영화나 드라마,
소설 등을 통해 수차례에 걸쳐 회자될 만큼 많은 사랑을
받고 있는 인물입니다.

도요토미 히데요시는 군사를 다루는 기술보다는 외교
능력이 탁월했고, 특유의 카리스마와 인덕으로 사람을 잘
다스리는 인물이었다고 합니다. 또한, 신분의 높고 낮음을
가리지 않고 뛰어난 인물을 관직에 올리는 등 관습과
체제에 얽매이지 않는, 당시로서는 파격적인 정책들을
펼쳤습니다.

도요토미 히데요시는 자신의 외교 능력을 발휘하여 반대
세력을 설득하거나 없애며 일본을 통일했습니다. 일본
통일 후 그는 일본 내 정치 문제를 잠재울 목적 등을
갖고 임진왜란을 일으켰습니다. 하지만 오랜 전쟁으로
일본군의 사기도 떨어졌고, 결국 도요토미 가문은 그의
죽음을 계기로 끊어지게 되었습니다.

도요토미 히데요시

도요토미 히데요시의 동상 © Mshades

셋 상인을 위한 학교, 회덕당

눈앞의 이익에만 급급하지 말고, 장기적으로 앞날을
내다보아야 한다는 신념을 지닌 오사카 상인 다섯 명이 돈을
모아 1724년에 '회덕당'이라는 교육 기관을 세웠습니다.

작은 서당 형태의 교육 기관만 있던 오사카에 상인을
위한 상당한 규모의 학교가 들어선 것입니다.
회덕당은 부유하든 부유하지 않든, 신분이 귀하든
귀하지 않든 누구나 입학할 수 있었고 교실에서는
모두가 평등한 대우를 받았습니다. 이는 신분
제도가 엄격했던 당시 일본 사회에서 매우 파격적인
일이었습니다.
학생들은 회덕당에서 '합리적인 사고와 돈을 남기는
것은 하(下), 가게를 남기는 것은 중(中), 사람을
남기는 것은 상(上)'이라는 투철한 상인 정신을 배울
수 있었습니다. 체계적이고 실증적인 교육에 집중한
회덕당은 수많은 인재를 배출했습니다.
비록 146년 뒤인 1869년에 회덕당은 문을 닫았지만, 현재
오사카 대학 문학부에 '회덕당 센터'가 자리 잡고 있습니다.

오사카 대학에 전시되어 있는 회덕당 모형 ⓒ Vitalie
Ciubotaru

who? 지식사전

임진왜란

조선 선조 25년인 1592년에 일본이 조선을 침략하여 임진왜란이 일어났습니다.
당시 일본의 도요토미 히데요시는 100여 년간의 내란을 끝내고 나라를
통일했습니다. 하지만 이제 막 통일한 터라 그에 대한 불만 세력도 있었고,
중국이나 조선과의 무역이 잘 이루어지지 않아 일본의 국내 상황이 매우
불안했습니다. 이에 도요토미 히데요시는 불만 세력의 관심을 밖으로 돌리고, 국내
상황을 안정시키기 위해 조선 침략을 결정했습니다.
차근차근 침략 준비를 한 일본에 비해 아무런 준비도 되어 있지 않았던 조선군은
왜군을 당해 낼 수 없었고, 왜군은 승승장구하며 한양에 이어 함경도 지방까지 손에
넣었습니다.
하지만 이순신 장군이 이끄는 조선의 수군과 나라를 지키기 위해 곳곳에서
일어난 의병이 왜군에게 맞서 싸우면서 전세가 역전되었습니다. 결국, 도요토미
히데요시가 죽자 왜군은 철수하기 시작했고, 1598년 조선의 승리로 전쟁은 끝이
났습니다.

서울 광화문에 있는 이순신 장군 동상

3 권투 선수에서 건축가로

공업 고등학교에 진학한 안도 다다오는 종종 일본의 전통 건축물을 보러 다녔습니다.

저 건물을 봐! 마치 독수리가 날개를 펼친 듯 웅장한 모습이야!

나무가 아니라 철근과 콘크리트, 벽돌을 사용해 지어서 그런가? 건물이 매우 위엄 있어 보여.

그중에서도 미국의 건축가 프랭크 로이드 라이트가 설계한 *데이코쿠 호텔은 안도 다다오에게 강한 인상을 주었습니다.

오랜만이야, 동생!

형!

혼자서 여행 다녀온 기분이 어때?

큰 감동을 받았어. 오사카에서 나무로 지은 건물들만 보다가 도쿄에 가서 콘크리트로 지은 건물들을 보았더니, 정말 놀라웠어.

형, 나는 권투를 시작했어.

권투라고?

응, 형도 한번 해 봐. 권투를 하면 정신력도 강해지고 재미도 있어.

권투라……

*데이코쿠 호텔: 1923년 도쿄에 완공된 일본 제국 호텔

내가 공부는 못했지만, 싸움을 잘하긴 했지. 동네에서 별명이 '안도네 왈패'였지!

하지만 권투 선수가 되고 싶다는 생각은 한 번도 해 본 적이 없는걸?

권투는 정말 좋은 운동이야. 권투 선수가 되면 돈도 벌 수 있어!

돈을 번다고?

내가 돈을 벌면, 할머니를 좀 더 편안히 모실 수 있을 거야.

얼마 뒤

권투를 대하는 태도가 진지하군. 소질도 있고 말이야.

안도 다다오는 열일곱 살에 프로 권투 선수가 되었는데, 이 시기의 경험은 안도 다다오의 인생에 많은 영향을 주었습니다.

권투 실력이 뛰어났던 안도 다다오는 권투를 시작한 지 얼마 지나지 않아 타이틀을 획득할 수 있었고, 혼자서 태국으로 원정 경기를 떠났습니다.

태국 사람은 일본에 대한 감정이 아주 안 좋다는데, 그게 조금 걱정이군.

철저하게 혼자였던 원정 경기의 경험들은
안도 다다오를 더욱 강하게 만들었습니다.

하라다!

하라다!

정말 대단해.

스피드, 파워, 심폐 기능,
회복력, 어디를 봐도
나오는 차원이 다르구나!

내가 아무리
노력해도 절대로
저렇게까지 발전할 수는
없을 거야.

최고의 권투 선수로
살아갈 수 없다면,
지금이라도 포기하고
빨리 다른 길을 찾는 게
현명한 선택일지도
몰라.

안도 다다오는 권투에 대한 자신의 한계를 깨닫습니다. 그리고 짧은 기간이었지만 꽤 열정적으로 몰입했던 만큼, 권투를 그만둔 안도 다다오의 상실감은 매우 컸습니다.

할머니의 허리가 언제 저렇게 굽었지?

최고의 권투 선수가 되어 편안히 살게 해 드리고 싶었는데…….

곧 졸업이지? 미안하구나, 대학에도 못 보내 주고…….

독학으로 성공한 인물

하나 ▶ 토머스 에디슨

1847년, 미국 오하이오에서 태어난 토머스 에디슨
(1847~1931년)은 호기심이 많은 아이였습니다. 궁금한
것이 생기면 늘 누군가에게 질문을 했고, 반드시 답을
들어야 직성이 풀렸던 토머스 에디슨은 일곱 살이
되던 해 학교에 입학했습니다. 하지만 반복적이고
지루한 학교 수업에 흥미를 느끼지 못했습니다. 결국
수업 분위기를 망친다는 이유로 3개월 만에 학교에서
쫓겨났고, 어머니를 통해 읽고 쓰기와 같은 기본 지식을
깨우쳤습니다. 그리고 이 무렵 토마스 에디슨은 〈자연
과학과 실험 과학 입문〉이라는 책을 읽고 과학 기술 및
과학 실험에 눈을 뜨게 됐습니다.

독학으로 공부하여 발명왕이 된 토머스 에디슨

그는 가난한 집안 형편상 열두 살 때부터 기차 안에서
신문과 과자 등을 파는 일을 했는데, 장사를 하는
중에도 잠깐씩 짬을 내어 책을 읽고, 기차 안 구석진
곳에서 이것저것 실험을 하면서 과학에 관한 지식을
습득했습니다.
"천재는 99%의 땀과 1%의 영감으로 이뤄진다."라는
그의 말처럼 토머스 에디슨은 호기심이 생기면 그것을
밝히기 위해, 또 아이디어가 떠오르면 그것을 발명하기
위해 무수히 많은 연구와 실험을 거듭했고, 실패를 통해 한
걸음씩 성공에 가까이 다가섰습니다.
발명왕 토머스 에디슨은 끈질긴 노력으로 축음기, 백열전구,
영화 촬영기, 영사기 등을 발명하였고, 많은 사람이
이 발명품들을 통해 더욱 편리한 생활을 누릴 수 있게
되었습니다.

어린 시절의 토머스 에디슨

둘 박수근

1914년, 강원도의 한 산골 마을에서 태어난 박수근
(1914~1965년)은 열두 살 때 밀레가 그린 〈만종〉을
보고 밀레와 같은 훌륭한 화가가 되고 싶다는 꿈을 갖게
되었습니다. 하지만 넉넉하지 못한 가정 형편상 체계적인
미술 교육을 받을 수 없어서 혼자서 미술을 공부하기
시작했습니다.

박수근은 열여덟 살이 되던 1932년, 제11회 조선 미술
전람회에 출품한 수채화 〈봄이 오다〉가 입선한 것을
시작으로, 여러 미술상을 받으며 화가의 꿈에 한 걸음씩
다가갔습니다.

강원도 양구에 있는 박수근 미술관에 가면 서민 화가
박수근을 만날 수 있습니다.

박수근의 작품은 초기부터 말년에 이르기까지 변함없는
일관성을 보여 주는데, 그것은 바로 가난한 서민들의
생활상을 보여 준다는 것입니다. 자신의 고향에 있는
시골집과 나무, 절구질하는 아낙네, 집을 지키는 노인 등
서민들의 어진 마음과 진실한 삶의 내면을 담아내고자
했습니다.

박수근이 오늘날 가장 한국적인 화가로 평가받는 이유는
우리나라만이 가진 서민적 생활상과 정서를 표현해
냈기 때문입니다. 또 그 정서를 표현함에 있어 무채색에
가까운 차분한 색감의 유화 물감을 겹겹이 쌓아 올려
오돌토돌한 질감을 살리는 새로운 기법을 사용했습니다.
"나의 그림은 유화이지만, 동양화이다."라는 박수근의
말처럼, 그림을 그린 재료는 다르지만, 그의 작품 속에는
거친 듯 소박한 우리나라의 아름다움이 담겨 있습니다.

박수근에게 화가의 꿈을 심어 준 밀레의 〈만종〉

평생을 가난하게 살다 간 박수근은 〈빨래터〉, 〈황소〉, 〈아기
업은 소녀〉 등의 작품을 남겼고, 지금도 여전히 한국 미술을
대표하는 거장으로, 우리나라 사람이 가장 사랑하는 화가 중
한 사람으로 기억되고 있습니다.

셋 시오노 나나미

1937년, 일본 도쿄에서 태어난 시오노 나나미(1937년~)는 고등학교 시절에 읽은 그리스 로마의 서사시 〈일리아드〉를 통해 서양 문학에 관심을 갖게 되었습니다.

서양 문학을 조금 더 잘 이해하기 위해 라틴어를 스스로 깨치고, 대학에서 서양 철학을 전공한 시오노 나나미는 졸업 후, 〈일리아드〉의 고향인 이탈리아로 건너갔습니다.

이탈리아에서 유학 생활을 하던 시오노 나나미는 이탈리아인 의사와 결혼하여 피렌체에 정착했고, 이후 독학으로 이탈리아 역사를 공부하기 시작했습니다.

시오노 나나미는 서양 문명의 모태인 고대 로마의 역사를 제대로 이해하기 위해 현장을 직접 돌아다니며 취재했습니다. 그리고 취재한 지식을 바탕으로 〈로마인 이야기〉 시리즈의 1권을 세상에 내놓았습니다. 체력, 경제력, 기술력 등 모든 면에서 주변 민족보다 열세했던 로마인들이 지중해를 제패하고 대제국을 건설하여 천 년 넘게 유지한 비결이 무엇인가를 추적한 흥미진진한 로마 역사서인 〈로마인 이야기〉는 준비 기간만 20년이 걸렸고, 매년 한 권씩 출간하여 장장 15년에 걸쳐 완성되었습니다.

〈로마인 이야기〉는 도전적 역사 해석과 흥미진진한 이야기 전개로 금세 많은 사람의 사랑을 받았고, 시오노 나나미를 세계적인 베스트셀러 작가로 만들어 주었습니다.

시오노 나나미의 작품으로는 〈르네상스의 여인들〉을 비롯해 〈바다 이야기〉, 〈로마인 이야기〉, 〈십자군 이야기〉 등이 있습니다.

시오노 나나미에게 고대 로마 역사에 관심을 두게 한 〈일리아드〉의 저자 호메로스

라틴어로 쓰인 〈일리아드〉

1954년, 캐나다에서 태어난 제임스 캐머런(1954년~)은
어린 시절부터 손재주가 좋아 로켓이나 자동차 등의
장난감을 조립하는 것을 즐겼습니다. 해양생물학자가
꿈이었던 제임스 캐머런은 캘리포니아 주립 대학교에서
해양생물학을 전공하지만, 전공 분야에 대해 별다른
흥미를 느끼지 못하고 학교를 중퇴했습니다. 그러나
마땅한 일자리를 구하지 못해 트럭 운전사 생활을
시작하게 되었습니다.

제임스 캐머런은 세계적인 영화감독입니다. © broddi

1977년 개봉한 조지 루커스 감독의 영화 '스타워즈'를
본 제임스 캐머런은 이전에 보지 못한 화려한
시각적 효과에 큰 충격을 받았고, 영화의 매력에
빠져들었습니다. 제임스 캐머런은 트럭을 운전하는
중에도 틈틈이 조지 루커스 감독이 자주 찾았다고
알려진 서던캘리포니아 대학교 도서관을 방문하여 여러 책을
읽으며 영화에 관한 이론을 독학했습니다.
시나리오를 쓰고, 특수 효과를 공부하며 영화에 대한 지식을
다진 제임스 캐머런은 트럭 운전사를 그만둔 뒤,
로스앤젤레스에 있는 영화 제작사에 들어갔습니다.
이후 크고 작은 영화들의 세트 디자인을 맡아서 하던
중 다른 영화에서 쓰고 남은 세트들을 재활용해 자신의
감독 데뷔작인 '피라냐 2'를 촬영할 수 있었습니다.
그 뒤 제임스 캐머런이 직접 쓴 시나리오로 만든 영화
'터미네이터'가 엄청난 흥행을 기록하였고, 연이어 내놓은
'에일리언 2' 역시 성공을 거두면서 할리우드에서 자신의
입지를 굳건히 다졌습니다.

제임스 캐머런은 2009년에 할리우드 명예의
거리에 이름을 올렸습니다. © Shaikh Irfan

'트루 라이즈', '타이타닉', '아바타'까지 제임스 캐머런이
만든 영화들은 대부분 엄청난 흥행 수익을 올렸으며, 1998년
아카데미상 시상식에서 작품상과 감독상을 받았습니다.

독학으로 건축을 배우다

4

안도 다다오는 아르바이트를 하며 가구 디자인, 실내 장식, 건축 설계까지 다양한 경험을 쌓았습니다. 하지만 전문적인 지식이 없는 자신의 한계를 느끼고 근처 대학에서 건축학 강의를 몰래 듣기로 했습니다.

대학에 다닐 수 없으니, 이렇게 해서라도 궁금한 것은 스스로 깨치는 수밖에 없어.

쟤는 누구지? 못 보던 앤데?

그러게? 우리 건축학과 학생 맞아?

어릴 적부터 공부를 하지 않은 탓일까? 강의를 들어도 무슨 내용인지 잘 모르겠어.

현대 건축의 3대 거장으로는 미국의 프랭크 로이드 라이트, 독일의 미스 반 데어 로에, 프랑스의 르코르뷔지에를 꼽는구나.

안도, 힘쓰는 일을 하려면 밥은 꼬박꼬박 챙겨 먹어야지.

저는 원래 빵을 더 좋아 해서요.

이제 대학교의 건축학과 교육이 어떤 체계인지는 대충 알겠어.

그렇게 독학으로 공부를 해 나가던 어느 날이었습니다.

〈르코르뷔지에 작품집〉 이라고? 어떤 작품을 만들었는지 볼까?

그래, 이거야!
이 책이라면
건축을 공부하는 데,
큰 도움이 되겠어!

사진과 스케치, 도면이
자세히 실려 있어서
프랑스어를
못해도 책을
이해할 수 있어.

그런데 책을 살 돈이
없는데, 어떡하지?
건축학과 학생들이
이 책을 보면 당장에
사고 말 텐데.

일단 이 책을 다른 사람이 사지
못하게 책더미 맨 밑에 감춰 두자.

헤헤헤, 아무도 여기에 〈르코르뷔지에 작품집〉이 있다는 걸 눈치 못 채겠지?

며칠 뒤

그 책이 그대로 있을까? 혹시 그새 팔렸으면 어쩌지?

중고 서점

어떻게 된 거야? 맨 밑에 거꾸로 숨겨 놓은 책을 도대체 누가 사 간 거야?

안도 다다오, 요즘 뭘 그렇게 열심히 해?

르코르뷔지에의 건축 도면을 베끼고 있어요. 르코르뷔지에는 독학으로 성공한 건축가예요.

밥 먹는 시간까지 아끼며 노력을 하니, 다다오는 장차 훌륭한 건축가가 될 거야.

감사합니다.

며칠 뒤

오늘도 빵으로 점심을 대충 때웠나 보군.

제가 밥보다 빵을 더 좋아해서요.

거짓말! 밥 먹는 시간도 아껴 공부하는 거잖아.

비가 오거나 눈이 오는 것, 단풍이 들고 바람에 낙엽이 떨어지는 것을 집 안에 가만히 앉아서도 즐길 수 있도록 건물이 설계되어 있어!

자연과 하나로 어우러져 있는 전통 가옥 거리가 또 다른 감동을 주는구나!

안도 다다오는 각지에 흩어져 있는 일본의 옛 건축물들을 보며 일본 전통 건축에 관한 긍지를 갖게 되었습니다. 특히 유네스코 세계 유산으로 등재된 토착 민가는 안도 다다오의 마음을 강하게 끌어당겼습니다.

뜨겁게 숨 쉬며 살아가던 옛사람들의 삶이 느껴져!

이곳이 단게 겐조가
설계했다는 히로시마
평화 기념 공원이구나!

이곳은 원자폭탄이 투하되어
많은 사상자를 낸 히로시마에
세계 평화를 기원하는 의미로
조성된 공원이에요.

철골과 시멘트로
순식간에 커다란 건물을
짓는 현대식 건축은
외국으로부터
도입되었어.

하지만 일본의 건축가들은
현대식 건축에 전통 건축을
적용해 더 감동적으로
만들고 있어.

두고 봐!
머잖아 우리 일본이
세계 건축계를 이끌게
될 테니까! 그 선두에는
나, 안도 다다오가
있을 거야.

눈에 보이는 모든 것이 흥미로웠던 안도 다다오는 여행 내내 걷고 또 걸었습니다. 그리고 르코르뷔지에의 작품인 사브아 주택, 롱샹 성당, 라투레트 수도원에 이르기까지, 그의 건축을 볼 수 있는 곳이라면 어디든 찾아다녔습니다.

롱샹 성당은 건축이라기보다 하나의 조각 작품 같아! 사람이 들어가는 건축물을 어떻게 이렇게 디자인할 수 있지?

댐이나 다리를 만드는 데 쓰이는 콘크리트로 이렇게 멋진 건축물을 완성하다니!

며칠 뒤

건축을 공부하는 사람들이 많이 오는 곳이잖아. 건물 구경 하는 거겠지.

뭘 하는 청년이기에 매일 여기에 오는 거야?

롱샹 성당을 완전히 이해할 때까지 며칠이 됐건 살펴봐야겠어.

젊은이, 여긴 왜 매일 오는 거요?

네, 저는 건축을 전공하는 사람인데, 롱샹 성당을 완전히 이해하고 싶어서 주변에 아예 거처를 마련해 놓고 매일 들르는 거예요.

뭐라고? 아예 거처를 정해 놓았다고?

르코르뷔지에는 제가 가장 존경하는 스승이거든요!

젊은이 정도의 열정이라면 분명히 르코르뷔지에 같은 훌륭한 건축가가 될 걸세!

정말 대단한 청년이야.

체계적으로 전문 지식을 쌓지 못한 내가 건축을 하려면 남들보다 더 많은 노력을 해야 해.

안타깝게도 르코르뷔지에는 안도 다다오가 파리에 도착하기 몇 주 전인 1965년 8월 27일, 바닷가에서 수영하다가 숨을 거두었습니다.

비록 르코르뷔지에를 만나지는 못했지만, 안도 다다오는 7개월간의 유럽 여행을 통해 세계적인 건축물을 눈으로 보고 체험할 수 있었습니다.

그 후 안도 다다오는 자신의 사무소를
개설할 때까지 4년 동안 돈을 모으는 대로
여행을 떠나 세계를 돌아다녔습니다.

안도 다다오에게 영감을 준 건축가와 건축물

하나
르코르뷔지에

스위스 출신의 프랑스 건축가 르코르뷔지에
© Susleriel

르코르뷔지에(1887~1965년)는 실제로 그곳에서 살게 될 사람이 편리하게 생활할 수 있어야 한다는 신념을 바탕으로 건축물을 설계한 건축가입니다.

도미노 구조, 공간 절약형 주거 건축법, 대단위 주거지 창안 등 르코르뷔지에의 건축 스타일은 당시 대단히 파격적이어서 보수적인 건축가들로부터 많은 비난을 받았습니다. 하지만 그는 결코 뜻을 굽히지 않았고 혁신적이면서 합리적인 설계와 시대를 앞서 나가는 이론으로 건축사에 큰 발자취를 남겼습니다.

다른 건축가들과는 달리 르코르뷔지에는 글을 많이 썼는데, 그의 저서《건축을 향하여》는 현재까지도 건축가들의 필독서로서 현대 건축 역사상 가장 중요한 책 중의 하나로 평가받고 있습니다.

롱샹 성당

롱샹 성당의 외관 © senhormario

롱샹 성당은 제2차 세계 대전 때 폭격을 받아 소실된 한 성당에서 기적처럼 불타지 않고 발견된 성모상을 보존하기 위해 새로 만들어진 성당입니다.

이 성당을 지을 때 르코르뷔지에에게 주어진 조건은 200명을 수용할 수 있는 본당과 작은 예배당 세 개, 만 명 정도가 미사를 드릴 수 있는 야외 공간, 그리고 성모상 보존이 전부였습니다. 이를 제외하고는 마음껏 설계할 수 있는 권한이 르코르뷔지에에게 주어졌습니다.

르코르뷔지에는 사방이 탁 트인 전경을 중요하게 보고 건물의 구성을 자연에 걸맞은 형태로 짓고자 했습니다. 건물 전체를

거의 곡선과 곡면으로 구성하였고, 성당에 들어가는 곳과
반대쪽에 입구를 만들어 방문자들이 성당의 독특한 외관을
감상하도록 설계했습니다. 그리고 성당 내부는 다양한
모습의 채색 창을 만들어 신비한 분위기를 연출하고
따뜻한 빛을 볼 수 있게 설계했습니다.
성당이 완성되었을 때 전 세계 건축가들은 이 파격적인
성당에 큰 충격을 받았는데, 합리주의 건축의 대표
주자인 르코르뷔지에가 가장 비합리적인 건물을
지었다고 비난하는 사람들과 표준과 합리성을 넘어선
새로운 시도라고 극찬하는 사람들로 의견이 갈리기도
했습니다.

창으로 따뜻한 빛이 들어오는 롱샹 성당의 내부
모습입니다. © Sanyambahga

유니테 다비타시옹

제2차 세계 대전이 끝난 뒤, 폐허로 변한 도시를
재건하기 위한 새로운 도시 건설 계획이 세워졌습니다.
르코르뷔지에는 프랑스 임시 정부의 의뢰를 받아
좁은 땅에 많은 인구를 수용할 수 있는 주택 '유니테
다비타시옹'을 설계했습니다.
그는 고층 공동 주택을 설계하면서 '표준 모듈러 이론'을
만들었습니다. 표준 모듈러 이론은 인간 신체의 척도와
비율을 기초로 황금 분할을 찾아낸 뒤, 그것을 건축학적으로
수치화한 것이었습니다. 다시 말해 최소한의 공간 속에서
사람이 팔을 벌리고 움직일 때 불편함이 없도록 건축물을
지어야 한다는 것이 르코르뷔지에의 생각이었습니다.
오늘날 아파트의 시초라 할 수 있는 이 건물에는
1,600명이 살 수 있는 340여 채의 집이 들어서 있고,
쇼핑가와 편의 시설을 갖춘 내부 공간, 옥상에 마련된
유치원과 체육 시설까지, 그 자체로 하나의 작은 도시를
이루고 있습니다. 색색으로 칠한 전면 발코니와 넓은
창은 예술적으로도 아름다운 미관을 뽐내고 있습니다.

유니테 다비타시옹 © Crookesmoor

건물 꼭대기 층에 수영장 등 편의 시설을 갖춘
유니테 다비타시옹 © Crookesmoor

프랭크 로이드 라이트

프랭크 로이드 라이트

미국의 건축가 프랭크 로이드 라이트(1867~1959년)는 르코르뷔지에, 미스 반 데어 로에와 더불어 근대 건축의 세계 3대 거장으로, 70년이 넘는 긴 세월 동안 건축을 발전시키는 데 이바지했습니다.

프랭크 로이드 라이트는 인간의 진정한 가치에 기초를 두고, 어떻게 하면 건축과 실내 환경을 잘 융합할 것인지를 부단히 고민한 건축가입니다. 언제나 새롭고 창조적인 생각으로 다른 건축가들로부터 존경을 받았습니다.

프랭크 로이드 라이트는 어느 건축가보다도 많은 작품을 남겼는데, 작품 수만 해도 409점으로 기록되고 있으며, 그중 1/3 이상이 국가가 지정한 문화재로 등록될 정도로 그 가치를 인정받고 있습니다.

who? 지식사전

프랭크 로이드 라이트가 설계한 뉴욕의 구겐하임 미술관입니다. ⓒ Stevenuccia

구겐하임 미술관

미국 철강계의 거물이자 자선 사업가인 솔로몬 구겐하임은 1940년대 초, 프랭크 로이드 라이트에게 이제껏 보지 못한 새로운 미술관을 지어 달라고 주문했습니다. 얼마 뒤, 미술관의 나선형 설계가 공개되자 많은 사람들이 우스꽝스럽다고 비난했고 일부 예술가들은 자신의 그림을 곡선인 벽에 전시하는 것은 불가능하다고 화를 냈습니다. 그래서 프랭크 로이드 라이트는 일곱 번이나 설계를 변경해야 했고, 건물은 완공되기까지 16년이나 걸렸습니다. 하지만 안타깝게도 미술관 개관을 6개월 앞둔 1959년, 프랭크 로이드 라이트는 아흔두 살의 나이로 세상을 떠났고, 이 미술관은 그의 마지막 작품이 되었습니다.

구겐하임 미술관은 전시장에 들어서면 먼저 승강기를 이용해 꼭대기 층으로 올라간 뒤 그곳에서부터 경사로를 따라 걸어 내려오면서 벽면에 전시된 그림들을 관람하는 구조로 되어 있습니다. 구겐하임 미술관은 준공되자마자 커다란 흰 달팽이 모양의 외관에 계단 없는 나선형 구조의 전시장이라는 독특한 설계로 인기를 끌며 뉴욕의 명소로 떠올랐습니다.

데이코쿠 호텔

일본에 세워질 건축물을 설계했던 유럽의 많은 건축가는
일본에 서구 형태의 건축 양식을 적용하거나 일본
건축 양식을 모방했습니다. 하지만 데이코쿠 호텔의
설계를 의뢰받은 프랭크 로이드 라이트는 일본에 세워질
건축물은 일본의 문화와 혼합되어야 한다고 생각하고,
그 나라의 정서와 전통을 지닌 건축물을 만들려고
노력했습니다. 특히 일본은 지진이 잦은 만큼 지진과
폭발에 의한 화재에 견딜 수 있도록 호텔을 설계해야
한다고 생각했습니다.

데이코쿠 호텔의 전경입니다.

프랭크 로이드 라이트는 여러 달 동안 지진과 집터를
연구하여 문제를 해결할 수 있었습니다. 그는 목재나
종이를 사용하는 일본의 전통 건축 대신, 철근과
콘크리트, 석재, 벽돌 등을 사용했고, 지금까지 건축에
소개된 적이 없는 기초와 구조적 지지물을 이용한
새로운 시스템을 개발하여 지진에 견딜 수 있도록
했습니다. 이러한 프랭크 로이드 라이트의 노력 덕분에
호텔의 개장일이었던 1923년 9월 1일, 10만 명
이상의 목숨을 앗아간 간토 대지진이 일어났음에도
호텔은 파괴되지 않았고, 집을 잃은 수많은 사람에게
피신처를 제공했습니다.

프랭크 로이드 라이트가 설계했을 당시의 데이코쿠
호텔의 식당 모습입니다.

그러나 세월의 흐름에 따라 데이코쿠 호텔은 홍수,
지진, 공습, 오염 등의 복구 불가능한 손상을 입었고,
결국 1968년 호텔 건물이 철거되었습니다.
다행히 1970년, 비록 부분적이기는 하지만 건축
박물관에 데이코쿠 호텔이 다시 세워졌고, 일본의 혼과
정신을 완벽하게 담아낸 프랭크 로이드 라이트의 양식을
공부하고자 하는 건축학도의 발걸음이 끊이지 않고
있습니다.

박물관에 전시되어 있는 데이코쿠 호텔 로비

95

5 오사카의 괴짜 건축가

나에게는
독학으로 익힌 지식과
현장에서 쌓은
경험이 있어.

나는 강하다.
그러니
두려워 말고
해 보자.

권투를 하던 시절,
철저하게 혼자였던
경험들이 나를 강하게
만들었어!

얼마 뒤

유미코, 직원이라고는
우리 둘뿐이지만,
열심히 해 봅시다.

오사카를 넘어 전 세계가
알아주는 건축가가 될
거예요.

하하! 아직 일거리
하나도 받지
못했는걸요.

당신이 건축가로서
가지고 있는 꿈을
꼭 이룰 수 있도록
곁에서 힘이 되어
드릴게요.

1969년, 스물여덟 살의 안도 다다오는 오사카의 오래된 서민 동네에 작은 건축 사무소를 열었습니다. 그리고 이듬해, 건축 사무소 첫 번째 직원이었던 가토 유미코와 결혼했습니다.

안도, 건축을 의뢰하러 오는 사람이 없으니 어쩌죠?

유미코, 준비된 사람에게는 언젠가는 기회가 올 테니 걱정하지 말아요.

안도 다다오가 건축 사무소를 낸 후 몇 년 동안은 이렇다 할 일거리가 없었습니다. 하지만 안도 다다오는 조바심 내지 않고, 그 시간을 자신의 역량을 쌓는 시간으로 만들었습니다.

방치된
공터 하나가
거리 전체 분위기를
망치는군.

크고 자극적인
간판 때문에
건물마저 칙칙해
보여.

이곳에 낮고 소박한 건물이
들어선다면 아름다운 거리가
될 거야.

집을 허문 자리구나.
이곳에는 어떤 집을
지어야 할까?

이보시오, 거기서
뭐 하는 거요?

이곳
공터에 들어설 집을
스케치하고
있어요!

뭐라고? 나는 누구에게도
이곳에 집을 지으라고
한 적이 없는데?

땅 주인이세요?

그렇소.

이것 좀 봐 주세요. 오사카 역의 풍경을 바꾸는 구상을 해 봤거든요.

지금은 바쁘니까 거기 놓고 가세요.

아무도 내 말을 들어 주지 않는구나.

이런 곳에 미술관이나 도서관 같은 문화 시설이 세워지면 좋을 텐데.

스포츠와 레저를 일상적으로 즐기는 사람이 많아졌구나.

그만큼 일본 경제가 빠르게 발전하고 있다는 거죠.

그 전쟁의 폐허를 딛고 일어섰으니, 정말 기적이에요.

1943년에 미국 전투기가 도쿄에 폭탄을 쏟아부었잖아요. 그때는 도쿄의 집들이 대부분 나무로 지어졌기 때문에 단숨에 불타고 말았어요.

1945년 제2차 세계 대전 종전 때에는 히로시마와 나가사키에 원폭이 투하된 적도 있었지요.

하지만 지금 일본의 모습은 달라졌어요. 불과 20여 년 만에 세계가 놀랄 경제 성장을 이뤘잖아요.

경제 발전은 좋지만, 주거 환경은 나날이 각박해지고 있어요. 사람들은 모두 도시로 몰려들고, 주택들은 자연을 훼손시키며 지어지고 있지요.

게다가 너도나도 미국 스타일로 집을 짓고 있으니 걱정이에요.

미국 스타일이 어때서요? 최신 설비를 갖추고 있어서 살기 편하잖아요!

104

유미코,
여긴 미국이 아니라
좁은 땅을 가진
일본이에요.

다다오,
이 잡지를
보세요.

할리우드 영화에서만 보던 주택을
이제 일본에서 만나 보세요.

당시 일본 사람들이 원하던 것은 최신 설비를 갖춘
미국 스타일의 주택이었는데, 도쿄 등 대도시에서는
미국식 이미지를 선전하는 아파트와 단독 주택이
무서운 기세로 지어지고 있었습니다.

요즘 일본 사람들은
모두 이런 집에서
살고 싶어 한다고요.

이곳의 집을 봐요.
아직도 옛날식
목조 건물이 밀집해
있잖아요.

하지만
돈만 있으면 모두
새로 지어진 미국식
단독 주택에서 살고
싶어 할걸요!

미국 주택은
광활한 영토를 가진
미국에 맞게
지어진 거예요.

비좁은
일본 땅에서 미국식
주택을 추구하는
것에는 무리가
있지요.

좁으면 좁은 대로
이 땅에 어울리는 풍요를
추구해야 해요.

뒷마당이
서쪽이기 때문에
통풍과 채광이
잘되지요.

바람이
느껴져요.

무더운 여름 저녁에는
이렇게 마당에 나와 별을
멍하니 바라보곤 했어요.
가난하기는 했지만, 열심히
궁리해서 사계절을 견디며
이곳에서의 생활을
즐겼어요.

비좁은 일본 땅에 맞지 않는
미국식 주택의 주거 환경을
개선하고 싶다는 생각은
안도 다다오 아이디어의
시작이 되었습니다.

나는 남에게
보이기 위한 건축이
아닌, 주어진 환경에
어울리는 건축을
하겠어.

안도 다다오!

오랜만이야.
어서 오게.

자네에게
일을 의뢰하려고
들렀어.

내게
의뢰를 한다고?

와, 사무소 열고
처음으로 받는
의뢰예요!

목조 건물이 밀집한
동네에서 작은 집 한 채를
재건축하는 일이야.

건축 사무소의 첫 일인데,
규모가 너무 작아서 미안하군.

아니야.
나는 작고 소박한 집을
짓는 게 더 좋아. 이런 집에서도
얼마든지 행복하게 살 수 있다는
걸 보여 주고 싶거든.

안도 다다오가 처음으로 지은 '도미시마 주택'은
1973년에 준공되었습니다. 나중에
안도 다다오는 이 집을 사들여 건축 사무소로
개축하여 지금까지도 사용하고 있습니다.

안도 다다오는 아무리 작은 일이라도 최선을
다했습니다. 대부분 예산도 부족하고 터도
좁은, 좋지 않은 조건의 일들이었지만,
작업마다 온 힘을 다했고, 이런 그를 따르는
사람들로 건축사무소에는 직원이 늘었습니다.

또 그
책이로군.

체 게바라
평전

체 게바라 책을 벌써 몇 번째 읽으시는지 몰라요.

안정적인 자신의 삶을 포기한 채 더 큰 이상을 품고 *게릴라가 되어 싸우는 삶이 정말 감동적이거든요!

따르릉~

건축 잡지의 편집자가 자네를 만나 보고 싶다는데?

초보 건축가인 나를 왜?

우리 〈도시주택〉 잡지는 남다른 소신이 있는 건축가를 소개하고 있어요.

그래서 내가 자네를 추천했어.

*게릴라: 주로 적의 배후나 측면에서 기습·교란·파괴 등의 활동을 하는 특수 부대나 비정규 부대

안도 다다오 선생님! 크고 화려한 주택이 아니라, 소형 주택을 지향하는 이유는 무엇인가요?

소형 주택은 고도 경제 성장이라는 이름 아래 도시의 여기저기에 어지럽게 들어선 거대한 건물들에 맞서는 게릴라와 같아요.

소형 주택이 게릴라라고요?

각박한 도시에 터를 잡고, 살기 위해 기를 쓰는 개인을 위한 가정집, 그것은 투쟁하는 게릴라의 근거지와 같다고 생각해요.

'도시 게릴라의 집'이라고? 무슨 말이지?

도시 게릴라의 집

게릴라 건축가 안도 다다오가 지은 도미시마 주택

일본 건축가 협회에서도 자신의 신념을 갖고 건축을 하는 안도 다다오를 눈여겨보기 시작했습니다.

나는 요즘 안도 다다오라는 젊은 건축가를 눈여겨보고 있어요.

자신이 짓는 작고 소박한 개인 주택을 도시 게릴라의 집이라 부르는 오사카 출신의 괴짜 말이지요?

네, 콘크리트로 개성이 강하고 참신한 주택을 짓고 있더군요.

안도 다다오······

저기 가운데의 낡은 집을 헐고 다시 지어 주시오.

안도 다다오의 대표작 '스미요시 나가야'는 1976년, 오사카에 지어졌습니다. 아주 작은 개인 주택으로 안도 다다오의 열의가 담겨 있습니다.

땅이 너무 좁군.
게다가 이웃과 벽 하나를
사이에 두고 늘어선
세 가구 중 가운데 집을
재건축한다는 것도
무척 힘이 들 테고.

사방이 콘크리트 벽으로
막혀 있는 데다
작은 출입구 하나에
창문조차 없다니,
무슨 집이 이렇게 생겼지?

내가 살 집을 지으랬지
누가 당신 작품을
만들라고 했소? 그리고
건물 중앙은 지붕도 없이
왜 뻥 뚫어 놓은 거요?

집 안에서도 자연을
느끼며 살 수 있게
만든 장치예요.

안도 다다오가 짓는 집은 단순히
외형이 색다르다는 데 그치지 않고,
거기에 사는 사람이 생활 방식까지
바꿔야 하는 것이었습니다.

나를 믿고
맡겨 주세요.

그럼
집 안에서도
우산을 쓰고
다녀야 하잖아!

사람들이 하는 말을
자네도 모두 들었지?

네, 심사위원 선생님.

나는 이 집이
일본건축학회상 후보에
올라 최종 심사를 위해
방문한 것이라네.

주택이란 사람이
살기 위한 집을
짓는 일이 아닌가?

네,
그렇습니다.

건축상은
이 불편한 곳에서
생활할 아즈마 부부에게
줘야 할 게야.

체계적인
건축 교육을 받지
않아서인지
도무지 기본이
안 되어 있군.

괜찮아.
나는 건축에 대한
신념대로 최선을
다했으니까.

안도 다다오가 스미요시 나가야를 지을 때 가장 중점을 두었던 것은 자연의 변화를 최대한 집 안으로 들여오는 것이었습니다. 그래서 좁은 땅 한가운데에 지붕이 없는 뜰을 두었던 것이고, 이를 통해 아즈마 부부는 집 안에서 눈과 비와 바람을 느낄 수 있었습니다.

불편하기 짝이 없는 집이지만, 살다 보니 자연을 느낄 수 있어서 점점 만족하게 되는군요.

안도 씨의 고집이 옳았어요. 집 안에서도 바람과 빛의 감촉, 그리고 시시각각으로 변하는 자연을 느낄 수 있어서 정말 행복해요!

오사카에는 이런 집을 짓는 건축가도 있네요!

안도 다다오는 작은 집을 턱없이 진지하게 짓고 있는 흥미로운 젊은 건축가이다.

스미요시 나가야에 사는 아즈마 부부는 물질에 의지하지 않아도 생활이 풍요로울 수 있음을 집을 통해 느끼고 있다.

그게 무슨 소리요? 내가 원하는 것은 편리하고 세련된 집인데!

쯧쯧쯧! 손님을 다 쫓는다니까.

흥, 개성 있는 주택을 잘 짓는다고 해서 온 건데 실망이군.

……

저어…….

하하하. 스미요시 나가야 이야기는 그만하라는 거죠?

아즈마 씨처럼 건축을 이해하는 사람은 드물잖아요.

하지만 조금 전 왔던 그런 사람의 집은 짓고 싶지 않아요. 외관이 화려하다고 해서 모두 독창적인 집은 아니니까요.

어휴, 저 고집을 누가 말려.

건축 사무소에 찾아오는 사람 중 절반 정도는 안도 다다오의 고집 때문에 그냥 돌아갈 정도였습니다.

모두 이쪽으로 오세요!

또 뭐지?

이 계단에는 거친 콘크리트를 따로 만들어 써야 한다고 했을 텐데요. 어째서 벽에 바르던 매끄러운 콘크리트를 사용한 거죠?

시간이 없어서 급한 마음에 그만, 죄송합니다.

계단을 오르내리다가 미끄러져 다칠 수 있으니, 다시 하세요!

다시 하라고요?

만약 내 가족이 살 집이라면 어떻게 할 건가요?

그, 그건…….

어휴, 뭐 하나라도 대충 하는 법이 없으셔.

어디 고쳐야 할 데가 있으면 말씀해 주세요.

아휴, 없어요. 이렇게 정기적으로 와서 관리를 해 주시는데요!

하하하. 제가 지은 집인데, 당연하죠!

다음 방문 수리를 해야 할 집은 어디지요?

안도 씨는 집을 지어만 놓고 나 몰라라 하는 사람은 아니야.

맞아요, 참 좋은 건축가예요!

안도 다다오는 집을 다 짓고 난 뒤에도 직원들과 함께 정기적으로 방문해 불편한 곳을 살피고 고치는 데 정성을 다했습니다.

오사카의 괴짜 건축가 **121**

일본의 현대 건축

일본 현대 건축의 시작점은 제2차 세계 대전에서 패전한 뒤로 보는 게 일반적입니다. 패전에 따른 정치 · 경제적 혼란이 겨우 안정을 보이기 시작한 1950년대 중반에 완공된 단게 겐조의 '히로시마 평화 기념 공원'이 일본 현대 건축의 시초로 인식되고 있습니다.

현대식 건물로 빼곡히 들어찬 일본의 도시입니다.

하나 ▶ 일본 현대 건축의 구분

제1시기: 1955년부터 1964년 도쿄 올림픽 대회 이전까지의 시기로, 사회가 안정되기 시작하면서 건축뿐 아니라 모든 것에 도전하던 시기였습니다.

제2시기: 1965년에서 1973년까지로, 이 시기에 일본은 세계 경제 대국으로서의 자리를 굳힐 수 있었습니다. 인간적인 생활의 여유를 가지면서도 경제력을 과시하고자 하는 양면적인 모습이 충돌을 빚은 시기이기도 합니다. 이 시대의 가장 중요한 사회적 변화는 올림픽 개최와 때를 맞춘 신칸센의 개통이었습니다. 이 때문에 이동과 유통이 급격히 향상되어 세계의 열강으로 진입할 수 있게 되었습니다. 또한, 주거 생활의 수준을 높이기 위한 신 주택과 시가지 개발 사업이 진행되기도 했습니다.

일본 신칸센의 개통으로 이동과 유통이 급격히 빨라졌습니다. ⓒ Bistrosavage

제3시기: 1974년에서 1985년까지로, '성숙의 시대'라 불립니다. 이전 시기에 이루어졌던 급진적인 대형 건축 사업들이 대기 오염, 공장 폐기, 도시 환경의 악화 등 수많은 문제점을 낳았고, 1974년 석유 위기로 말미암은 경제의 저성장, 생활의 변화, 농업과 임업의 변화, 공업과 생산의 변화, 그리고 서비스 산업과 유통의 변화가 일어났습니다. 이처럼 사회 구조 자체가 변화하는 과정에서 건축도 그 모습을 바꾸어 가면서 발달한 시기였습니다.

제4시기: 1986년 이후를 말하며, 세계화를 추구하면서도
전통을 인식하는 시기입니다. 당시 일본은 번영과
쇠퇴를 동시에 겪으면서 새로운 가능성에 대한 인식과
지난 시대에 대한 반성이 동시에 요구된 시기였습니다.
역사적으로 오랫동안 일본은 중국과 우리나라로부터
수많은 문물을 받아들여 그들 문화에 맞게
발전시켰고, 근대에 들어서는 유럽과 미국 등지에서
수많은 문물을 받아들였습니다. 이 과정에서 일본의
현대 건축은 세계적인 흐름에 발맞추면서도 독자적인
색깔을 갖출 수 있었습니다.

일본 현대 건축은 섬나라라는 지역적 특수성과 지진이라는
자연 재해를 고려하면서도 일본의 전통 양식을 바탕으로
새롭고도 다채로운 서구 스타일을 완벽하게 통합시켜 높은
수준의 결과물을 보여 주고 있습니다.

일본 전통 건축 양식을 보여 주는 교토의 니조성입니다.
© Jakub Halun

who? 지식사전

도쿄 올림픽 대회

1964년 열린 도쿄 올림픽 대회는 아시아에서 처음으로 열린 하계 올림픽 대회였습니다.
원래는 1940년에 도쿄에서 올림픽 대회를 개최하기로 되어 있었지만, 중일 전쟁이
일어나면서 핀란드의 헬싱키로 개최권이 넘어갔고, 결국 제2차 세계 대전으로 올림픽
대회가 취소되었습니다.

24년 만에 열린 도쿄 올림픽 대회에서 일본은 마지막 성화 봉송 주자로 사카이
요시노리를 내세웠습니다. 그는 히로시마에 원자폭탄이 떨어진 1945년 8월 6일에
태어난 사람으로, 이를 통해 일본은 세계 평화를 위한 의지를 보여 주며 제2차 세계
대전의 전범이자 패전국의 이미지를 씻어 내고자 했습니다.

도쿄 올림픽 대회는 일본의 국제적 위상을 한껏 높여 세계 도약의 발판이 되어 주었고,
국민들에게는 선진국과 어깨를 나란히 할 수 있다라는 희망을 안겨 주었습니다.

도쿄 올림픽 대회는 정지 궤도 통신 위성을 통해 미국에 생중계되었는데, 텔레비전
방송이 태평양을 건너 생중계된 것은 이때가 처음이었습니다.

1964년에 열린 제18회 도쿄 올림픽
대회의 개회식 모습입니다.

일본 현대 건축의 시초라 알려진 건축가 단게 겐조 (1913~2005년)는 전통적인 일본 건축 양식에 서구의 현대적 건축 양식을 가미한 건축 설계로 일본은 물론 세계에서도 인정받는 건축가입니다.

단게 겐조는 1949년, 히로시마 평화 기념 공원의 설계 공모전에서 우승함으로써 건축가로서의 입지를 다졌고, 이후 그가 설계한 도쿄 도청과 요요기 국립 경기장이 일본 전통 건축을 현대적으로 재해석한 수작으로 꼽히면서 세계적인 명성을 얻었습니다. 일본 건축을 세계적인 반열에 올려놓은 단게 겐조는 도시의 구조와 그곳에 사는 사람들의 다양성을 담아낼 수 있는 건축 설계를 하고자 노력했습니다. 1987년, 단게 겐조는 도쿄에 있는 세인트 메리 성당 설계로 프리츠커 건축상을 받으며 세계적인 건축가로 자리매김했습니다.

단게 겐조가 설계한 도쿄 도청 ⓒ Aimaimyi

요요기 국립 경기장

1만 5천 명의 관객을 수용할 수 있는 큰 경기장과 4천 명을 수용할 수 있는 작은 경기장, 이렇게 두 경기장으로 이루어진 요요기 국립 경기장은 단게 겐조의 설계로 1964년 완공되었습니다.

두 개의 경기장 중 큰 쪽은 태풍에 대비하여 지붕을 케이블로 매달았는데, 이러한 기법으로 건설된 건축물 중 최대 규모를 자랑합니다. 제18회 도쿄 올림픽 대회가 열린 이 경기장은 독특한 지붕 모양으로 유명합니다. 웅장한 콘크리트 탑에서 마치 쉼표의 꼬리처럼 소용돌이치는 벽을 따라 곡선을 그리며 내려오는 지붕 모양은 일본의 전통 지붕 양식과 서양 건축 양식을 조화시킨 걸작이라 일컬어집니다.

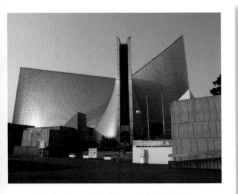

단게 겐조는 도쿄의 세인트 메리 성당 설계로 1964년 프리츠커 건축상을 받습니다. ⓒ Morio

히로시마 평화 기념 공원

히로시마에 원자폭탄이 떨어지고 제2차 세계 대전에서
패전한 뒤, 일본은 히로시마의 주택과 학교 등 기본적인
필수 시설을 재건하는 데 온 힘을 쏟았습니다. 그리고
원자폭탄으로 희생된 사람들을 기리고 세계 평화를
기원하기 위한 기념관을 세우고자 했습니다.

요요기 국립 경기장

단게 겐조는 적은 예산으로 최대의 효과를 주기 위해
콘크리트와 반투명 유리를 함께 사용했는데, 콘크리트가
가진 거칠고 거대해 보이는 느낌을 유리를 사용해 견고해
보이면서도 가볍게 표현했습니다.

히로시마 평화 기념 공원에는 학을 받쳐 들고 있는 소녀의
동상이 있는데, 이 동상이 세워진 데에는 사연이 있습니다.
원폭으로 피해를 입은 한 소녀가 장수와 행복을 상징하는
종이학 천 마리를 접어 소원을 이루려고 했는데, 다 접지
못하고 숨지고 말았습니다. 이러한 사연이 알려지면서 일본
전역의 어린이들이 종이학을 접어 보내기 시작했고, 지금도
종이학의 수가 계속 늘고 있습니다.

히로시마 평화 기념 공원 ⓒ Rog01

who? 지식사전

프리츠커 건축상

프리츠커 건축상 메달

프리츠커 건축상(Pritzker Architecture Prize)은 미국의 세계적 호텔 체인인 하얏트
재단이 '건축 예술을 통해 재능과 비전, 책임의 뛰어난 결합을 보여 주어 사람들과
건축 환경에 이바지한 생존 건축가'에게 수여하기 위해 1979년 제정한 상입니다.
후보를 추천할 수 있는 자격에는 제한이 없으며, 수상자는 국제 배심원들에 의해
비밀리에 시행되는 투표에서 선정됩니다.
프리츠커 건축상의 수상자는 100,000달러의 상금과 표창장, 청동 메달을 받게
되는데, 수상자 선정 과정이 노벨상과 유사하여 '건축계의 노벨상'이라 불리기도
합니다.
1987년에 단게 겐조가, 1995년에 안도 다다오가 프리츠커 건축상을
수상하였습니다.

6 건축에 관한 신념

여기가 어디지요? 오사카인가요? 아니면 고베 혹은 교토인가요?

네?

아파트와 빌딩이 줄지어 들어선 모습이 어느 도시를 가도 모두 똑같군요.

정말 그렇네요. 건물도, 골목도 모두 똑같아서 이곳만의 특색이 전혀 드러나지 않네요.

도시마다 역사와 개성이 살아 있고, 사람들이 그것을 즐길 수 있도록 해야 할 텐데, 아쉽군요.

이 골목은 100여 년 전 외국인들이 서양식 주택을 짓고 모여 살던 곳인데, 오래된 골목의 운치가 느껴지는 곳이군요.

아직도 이런 골목이 남아 있다니, 다행이에요.

그런데 무슨 일이 있나 봐요.

이 거리가 더 이상 망가지지 않기를 바라며 시위를 하는 중이에요.

결사반대

저는 이 지역에서 태어나 자란 사람으로서 건설 붐에 휩쓸려 이 유서 깊은 거리가 망가지는 것이 안타까워서 시위에 참여했지요.

이미 주변의 골목은 모두 현대식 건물이 차지하고 있어요.

일본은 1980년대 후반부터 1990년대 초반까지 *거품 경제 시기였습니다. 겉모습이 화려한 건물들이 마구잡이로 들어서던 때여서 큰돈을 벌 기회였지만, 안도 다다오는 상업성이 지나치게 강한 일감은 아예 맡지 않았습니다.

*거품 경제: 실제보다 경제 규모가 부풀려져 있어서 규모가 더 크게 보이는 현상

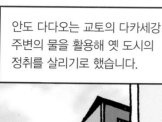

안도 다다오는 교토의 다카세강 주변의 물을 활용해 옛 도시의 정취를 살리기로 했습니다.

각 층에 골목 형태의 옥외 공간을 만들어, 건물 어디에서든 강과 접할 수 있도록 했어요.

하지만 그렇게 하면 건물을 유지하고 관리하는 것이 어려울 텐데요?

물의 도시인 교토의 이미지를 살려야 해요.

물의 이미지? 상업 시설을 짓는데 그런 게 왜 필요하죠?

상업 시설이지만, 문화 시설 같은 건물을 지으려고요. 다른 상가 건물과 똑같은 모습으로 짓고 싶지 않아요.

나에게는 장사가 잘되는 건물이 필요해요.

차별화된 건물이 상업적으로도 더 유리할 거예요.

그, 그런가요?

최하층에 만드는 테라스가
수면 위 20센티미터 높이가 되도록
물막이 벽을 일부 허물어야 합니다.

건물의 1층을
수면의 높이와 같게 하면,
사람들이 흐르는 물과
교감하며
산책할 수 있거든요.

뭐라고요? 그건 절대 안 돼요!

건물 안으로
물이 넘쳐 들어오면
어쩔 겁니까?

물은 절대 넘치지 않을 겁니다.
내가 장담하지요.

그렇다면
증명해 봐요.

다카세강의
수량에 관한
과거 데이터를
찾아보세요!

건축 사무소로 돌아온 안도 다다오는 과거 데이터를
놓고 예상 수량 변화를 기술적으로 모의실험 하여
안전한 높이를 계산해 냈습니다.

건축주의 바람대로
그저 기능만을 충족시킨다면,
따분한 건물밖에 짓지 못한다.
안이하게 타협하려고 하지 말자.
어떻게든 건축주를 설득해
내 신념을 밀고
나가는 거야.

수면 위 20센티미터
위로는 물이 넘치지 않아요.
이걸 보세요!

하지만 법적으로 문제가 있어요.
전례가 없거든요.
전례가 없다는 것은 곧 해서는
안 된다는 뜻이기도 합니다.

모의실험을 통해 안전성을 확보한
안도 다다오는 건축주를 설득하는 데
성공했습니다. 하지만 이번에는 관계자와
격렬한 충돌이 일어났습니다.

며칠 뒤

강가 대지에 건물을 지으면서 물을 건축에 활용하지 않겠다는 건 말이 되지 않습니다.

당신 또 왔습니까? 정말 끈질기군요.

안도 다다오 씨, 이건 상가 건물이에요. 당신 작품을 만드는 게 아니라고요.

독학으로 건축을 공부했다더니, 건물 용도에 맞는 설계도 할 줄 모르는 거 아냐?

당신이 뭐라 해도 상관없습니다. 난 허가가 날 때까지 찾아와 설득할 겁니다.

안도 다다오는 물러서지 않고 여러 차례 관청을 설득한 끝에 마침내 1984년, 교토 다카세강 주변에 '타임즈'를 완성했습니다. 그러자 색다른 건물을 보기 위해 많은 사람이 몰려들었고, 거리 전체는 명소로 변해 갔습니다.

건축에 관한 신념 **137**

일본의 건축가 안도 다다오의 이름은 이제 세계의 건축계로 알려지기 시작했고, 1985년 핀란드 건축가 협회에서 수상하는 알바알토상을 시작으로, 세계의 유명한 건축상을 여러 차례 받았습니다.

안도 다다오에게 우리 대학교 건축학과 강의를 맡기자고요?

세계 건축계는 이제 유럽의 영향에서 벗어나 일본 건축의 영향을 받고 있어요!

그렇지만 대학교 졸업도 하지 않은 사람을 어떻게 교수로 임용한단 말이오?

안도 다다오는 이미 르코르뷔지에를 뛰어넘었다는 평가를 받을 만큼 실력 있는 건축가예요!

그렇기는 하지만······.

다른 사람들이 대학에서 이론을 공부할 때, 안도는 현장에서 독학으로 실력을 쌓은 건축계의 거장입니다.

으음.

중요한 건 학교 졸업장이 아니라, 실력이 아닐까요?

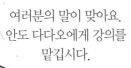

여러분의 말이 맞아요. 안도 다다오에게 강의를 맡깁시다.

안도 다다오는 1987년부터 1990년까지 방문 교수로 미국 동부의 예일 대학교, 컬럼비아 대학교, 하버드 대학교에서 학생들을 가르쳤습니다.

철골과 시멘트 유리 덕분에 집을 쉽고 빠르게 지을 수 있는 현대 건축이 가능해졌지요.

……

건축 하나하나는 작지만, 그것이 연이어 지어지면 하나의 힘이 된다는 것을 건축가가 되려는 여러분이 꼭 기억했으면 합니다.

내가 어린이들을 위해 처음 만드는 시설이구나.

어떻게 지어야 아이들이 자연과 대화하고 마음껏 뛰놀며 창의력을 키울 수 있을까?

안도 다다오가 설계하여 1989년에 개관한 효고 현립 어린이 회관은 건물을 본관, 중간 광장, 공작관 등 세 동으로 이루어져 있고 연못을 따라 세 건물을 500미터나 되는 긴 통로로 연결한 독특한 건축물입니다.

500미터나 되는 긴 통로를 만든다고요?

저는 아이들에게
바로 방과 후
공터 같은 공간을
만들어 주고 싶어요.

우리 이 통로에서
책 읽자.

와, 넓고 시원해서
딱 좋은데!

우리 여기서 줄넘기
누가 많이 하나
시합할까?

그래, 좋아.
진 사람이 이기는
사람 소원 들어주기!

이 통로는 건물 사이를 옮겨 다니기 위해 지은 건데, 아이들은 상상력을 발휘해 교실로, 운동장으로, 여러 용도로 재미있게 활용하고 있군요.

마음껏 뛰어놀 수 있어서 참 좋아.

나는 이 통로가 가장 좋아!

안도 다다오는 계속해서 어린이를 위한 시설을 만드는 일에 참여했습니다. 재해나 빈곤으로 의료 혜택을 누리지 못하는 사람들에게 의료 서비스를 제공하는 네팔 어린이 병원을 무상으로 설계해 준 것입니다.

많은 어린이가 의료 시설이 부족해 제대로 된 치료조차 받지 못하고 죽어 가고 있다니…….

태양이 너무 뜨거워!

건물의 형태는 이곳 어린이들이 이용하기 편리하도록 단순하고 낮게 지을 겁니다.

건축에 관한 신념 **149**

1995년 1월 17일, 런던에 있던 안도 다다오는 뉴스에서 '고베 대지진'의 참상을 본 뒤, 일정을 모두 취소하고 서둘러 귀국했습니다. 지진으로 큰 손해를 입은 고베와 오사카에는 자신이 지은 건축물이 많았기 때문입니다.

아아, 어떻게 이런 일이!

먼저 우리가 지은 건물들을 하나하나 둘러보며 피해 상황을 확인합시다.

선생님, 우리 사무소에서 지은 건물들은 모두 무사해요.

그렇지만 당분간 사무실 일은 모두 제쳐 두기로 해요. 피해를 본 사람들을 돕고 건물의 복구 활동에 힘써야 하니까요.

복구는 10년 이상 걸릴 거예요.

이곳의 복구를 앞당기기 위해 우리가 할 수 있는 게 무엇일까요?

안도 다다오는 지진으로 부모를 잃은 어린이들을 돕고자 1995년 프리츠커 시상식에서 받은 상금 10만 달러를 전부 기부했습니다. 그리고 지진으로 사망한 사람들을 기리기 위해 하얀 꽃이 피는 나무를 25만 그루 심는 '효고 그린네트워크' 운동을 시작했습니다.

이 꽃들이 많은 사람을 위로해 주었으면 좋겠군.

안도, 당신을 찾는 전화예요.

도쿄 대학교에서 강의해 주시겠습니까?

네? 도쿄 대학교에서요?

대학조차 다니지 못한
저 같은 사람이 어떻게…….
다른 교수들은 모두
유명 대학교 출신일 텐데요.

이미 미국의 여러 대학교에서도
강의를 하셨고, 세계적인 건축가로
이름도 널리 알려졌으니,
문제 될 건 없습니다.

1996년 봄, 안도 다다오는 도쿄 대학교의 건축학 설계 교수가
되어 달라는 제의를 받았습니다. 당시 도쿄 대학교는 아주
보수적이어서, 대학 교육을 받지 못한 사람이 교수가 된다는
것은 상상할 수도 없는 일이었습니다.

내가 도쿄 대학교 강단에
서게 되다니!

나는 건축을 독학으로
배웠어요. 오직 혼자
배우고 부딪쳐서
여기까지 온 것이지요.

와~ 도면을 모조리
외우며 공부했다고?

역시 쉽게
이룬 성공이
아니었구나!

하지만
나의 성공은
많은 후원자가
있었기 때문에
가능했어요.

내게 건축을 맡긴
모든 건축주가 나에게는
후원자인 셈이지요.

스미요시 나가야의 경우,
그 집에서 살겠다고 결심한
아즈마 부부의 용기가 없었다면,
그 집은 단지 콘크리트
조각품에 불과했을 거예요.

그분들은 불편한
그 집에서 아직 살고 계세요.
물질에 의지하지 않아도
생활이 풍요로울 수 있음을
증명해 주고
있는 것이지요.

1997년 가을부터 5년 동안 안도 다다오는 오사카와 도쿄를
바쁘게 오가며 도쿄 대학교에서 강의했습니다. 학생들은
안도 다다오의 건축 철학에 큰 영향을 받았고, 그 결과
일본의 건축 교육에도 변화의 물결이 일었습니다.

정말 감동적인 이야기예요!
그런 집을 지어 낸 안도 선생님의
신념을 존경합니다.

안도 다다오가 남긴 건축물

하나 스미요시 나가야

1976년 오사카에 지어진 '스미요시 나가야'는 아주 작은 개인
주택으로, 건축을 통해 사회를 바꾸어 나가려고 한 게릴라
건축가 안도 다다오의 열의가 담겨 있습니다.
3.6미터밖에 안 되는 좁은 땅에 이웃과 벽 하나를 사이에
두고 늘어선 세 채의 집 중 가운데 집을 재건축한다는 것은
무척 힘든 일이었지만, 안도 다다오는 자신만의 독창적인
아이디어로 집을 완성했습니다.

작은 주택들 사이로 보이는 스미요시 나가야
ⓒ hetgallery

사방이 콘크리트 벽으로 막혀 있고, 조그만 출입구 하나에
창문이 없는 스미요시 나가야를 처음 본 사람들은 비난을
쏟아 내었습니다. 집의 출입구로 들어가는 것이 마치 동굴
속으로 들어가는 것처럼 답답해 보였고, 건물의 가운데에
있는 뜰은 지붕이 없어서 비가 내리면 집 안에서도
우산을 쓰고 다녀야 하는 등 불편하기 짝이 없는 집이었기
때문이었습니다.
하지만 사람들의 우려와는 달리, 시간이 흐르면서 스미요시
나가야에서 살던 아즈마 부부는 이 불편한 집을 점점 좋아하기
시작했습니다. 안도 다다오가 스미요시 나가야를 지을 때
가장 크게 신경을 쓴 것은 자연의 변화를 최대한 집 안으로
들여오는 것이었고, 그래서 좁은 땅 한가운데에 지붕이 없는
뜰을 두었던 것이었는데, 이 점이 아즈마 부부에게 통했던
것입니다. 아즈마 부부는 집 안에 앉아서도 시시각각으로
변화는 자연을 느낄 수 있어서 행복해했습니다.
스미요시 나가야를 통해 안도 다다오는 1979년에 일본
건축학회상을 받았고 건축가로서 차츰 이름을 알리게
되었습니다.

동굴을 연상시키는 스미요시 나가야 입구
ⓒ hetgallery

둘 ▶ 포트워스 현대 미술관

세계에서 가장 아름다운 미술관 중 하나로 손꼽히는 미국 텍사스의 포트워스 현대 미술관은 유리와 콘크리트, 빛과 물이 조화를 이룬 건축물입니다.

전체 다섯 개 동으로 이루어진 포트워스 현대 미술관의 외벽은 유리와 콘크리트가 주재료로 사용되었습니다. 미술관은 그 특성상 전시물 보호를 위해 전시장 내부에 창문조차 내지 않는 게 일반적인데, 안도 다다오는 유리로 이중벽을 만들어 아름다운 건물 외관과 전시물을 보호하는 두 가지 요소를 모두 충족시켰습니다.

그러나 포트워스 현대 미술관만의 탁월한 특성은 이 두 벽의 중간에 계획된 회랑에서 드러납니다. 벽 사이에 있는 회랑은 두 건물을 하나의 건물이 되도록 연결해 주고 있습니다.

포트워스 현대 미술관 ⓒ Joe Mabel

얇은 노출 콘크리트로 만들어진 지붕의 수평선과 유리 외벽을 잡아주는 Y 자형의 철 기둥은 형태적 안정감을 주는 동시에 절제된 장식미를 보여 주고 있습니다. 연못 위에 만들어진 미술관은 빛에 반사된 유리 외벽 때문에 미술관이 연못과 하나가 된 듯한 착각을 일으킬 정도로 아름답습니다.

포트워스 현대 미술관은 주민을 위한 문화 공간과 쉼터가 설계 때부터 함께 계획되어 있는데, 안도 다다오는 전시를 위한 공간과 주민 교육 센터의 출입구를 별개로 만들어서 전시가 없는 야간이나 박물관 휴무일에도 주민들이 미술관을 이용할 수 있도록 했습니다.

이중 외벽으로 만들어진 포트워스 현대 미술관의 유리 복도 ⓒ joevare

포트워스 현대 미술관은 자연과 재료, 안도 다다오의 건축 철학이 지형적 특성과 잘 어우러진 건축물로, 전시관 이상의 아름다움을 보여 주고 있습니다.

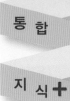
셋 │ 록코 집합 주택

안도 다다오가 록코 집합 주택을 지을 당시 일본의 도시에서는 산을 깎아 계단 형태로 땅을 만들고, 그 위에 똑같이 생긴 주택 단지를 세우는 것이 유행하고 있었습니다.

하지만 안도 다다오는 사람이 사는 공간이 상품으로 소비되어서는 안 된다고 생각했습니다. 그는 겉모양만 아름답거나 기술적으로만 훌륭한 건축이 아닌, 사람을 강하게 만들고 사회를 변화시킬 수 있는 건축을 추구했습니다.

록코 집합 주택을 의뢰받았을 때 안도 다다오는 경사가 60도나 되는 험한 땅을 눈여겨보았습니다. 절벽과 다를 바 없는 이곳에 일본에서 가장 전망이 뛰어난 주택을 짓고 싶었던 것입니다.

자칫 산사태가 일어날 수도 있는 위험한 공사였기에 안도 다다오는 록코 집합 주택이 완성되기까지 많은 계획을 세우고, 수많은 모형을 만들어 모의실험을 했습니다.

록코 집합 주택 Ⅰ, Ⅱ

안도 다다오의 록코 집합 주택은 그의 바람처럼 경사면을 따라 자연과 동화된 듯한 집에서, 집 앞으로는 바닷가 풍경이 보이고, 집 뒤편으로는 푸른 산이 펼쳐지는 아름다운 모습으로 완성되었습니다.

정면에서 바라본 록코 집합 주택 Ⅰ의 모습입니다.

이곳에 사는 사람들은 자신이 사는 동네에 대한 긍지를 가지게 되었고, 이웃과 화목하게 어울리며 살게 되었습니다. 록코 집합 주택을 통해 건축의 중요성을 알게 된 사람들은 록코 집합 주택 1차에 이어 2차, 3차까지 안도 다다오에게 설계를 의뢰했습니다.

넷   빛의 교회

건설 붐으로 건축비가 급등하던 1987년, 안도 다다오는
오사카 외곽의 한적한 주택가에 있는 작은 교회의 재건축을
의뢰받았습니다.

신자들이 정성껏 모은 건축비는 예산에 턱없이
부족했지만, 안도 다다오는 교회 건축을 진심으로 바라는
신자들을 위해 교회 설계를 맡기로 했습니다.

부족한 건축비에 맞춰 교회의 외관은 단순한 박스형
건물로 짓고, 주요 출입문은 벽이 교차하는 곳에 몰아
두었습니다. 이는 실내에 들어오는 빛을 의도적으로
억제하여 공간을 어둡게 함으로써 정면 벽을 뚫어 만든
십자 모양의 창으로 들어오는 빛을 극대화하여 '빛의
십자가'를 만들기 위해서였습니다. 즉 빛의 십자가로
교회의 신성함을 최대한 살린 것입니다.

엄숙하고도 아름다운 공간으로 '빛의 교회'가 재탄생하자 많은
관람객과 건축학도가 찾는 공간이 되었습니다.

빛의 교회 ⓒ antjeverena

who? 지식사전

제주도에서 만나는 안도 다다오, 본태 박물관

안도 다다오의 건축물은 우리나라에서도 만나 볼 수 있답니다. 제주도 서귀포시에
있는 본태 박물관은 안도 다다오가 '제주도에 어울리는 전통과 현대'를 고민하여
설계한 곳입니다. 그는 자신의 상징인 노출 콘크리트에 한국 전통 담장을 접목해
현대와 과거라는 서로 다른 공간을 부드럽게 연결한 건축물을 완성했습니다.
'본래의 형태(本態)'라는 뜻처럼 인류 본연의 아름다움을 탐구하고자 2012년에
설립된 본태 박물관은 한국 전통문화의 가치를 탐색하고, 그 아름다움을
세계인들과 나누고자 전통 공예와 예술 작품을 모아 전시하고 있습니다.

차가운 노출 콘크리트와 한국 전통 담장이
어우러져 자연의 숨결을 담은 따뜻한
박물관이 완성되었습니다. ⓒ 본태 박물관

전시 외에도 문화·예술 강연이나 자선 장터 등 여러 활동을 펼치고 있는데, 특히
자선 장터를 통해 모인 성금은 제주도에 사는 어린이 소아암 환자를 돕기 위해
사용한다고 합니다.

7 계속되는 도전

현재 일본의 도시에는 산을 깎아 계단 형태로 만든, 위험한 땅에 들어선 주택이 많아요.

모두 경제성만을 추구해서 마구잡이로 지은 집들이지요.

그렇지만 다행히 아름답고 개성 있는 건물들도 지어지고 있어요.

겉모양만 그럴싸한 겁니다. 저런 집들은 세월이 지나면서 문제가 드러나고 말아요.

문제라니, 무슨……?

뭐라고요?
건축 허가를 내줄 수 없다니요?

제발 다시
생각해 보세요.

안 되는 일이니,
그만 포기해요.

건축물의 높이는
법률상 기준면에서
10미터 위로는
지을 수 없어요.

하지만 이걸 보세요.
경사면을 따라 자연 속에
매립시키듯 짓는 건물이라,
경관을 해치거나 다른 곳에
피해를 주지 않아요.

이웃 사이에
오가는 정도 없이
똑같은 모양의
황량한 주택은 짓고
싶지 않아!

우리는 일본에서 가장
전망이 뛰어난 동네에서
살고 있어!

나는 사람들에게
자기가 사는 동네에 긍지를
가질 수 있는 집을
지어 주고 싶어.

뭐, 뭡니까?

경사면을 따라 높이 3미터마다 기준면도 함께 높아지니까, 건축법을 어기는 게 아니잖아요!

어휴, 집요하군요.

집합 주택에 사는 사람들이 함께 모일 수 있는 공간을 많이 만들었어요.

아랫집 지붕을 윗집에서 테라스로 사용할 수 있게 하여 공간을 많이 아꼈지요. 그리고 테라스 일부에 나무를 심어 계단형 공중 정원을 만들었어요.

공적인 공간이 너무 많은데, 낭비가 심한 거 아닌가요?

설비는 결국 망가질 날이 오지만 건축을 구성하는 사고방식은 살아남아요. 긴 안목으로 보면 이것이 더 질 높고 가치 있는 건축이에요!

특히 과거 이웃을
맞이하던 골목과 같은
공간 때문에 사람들은
함께 모여 사는 행복을
느낄 수 있을 거예요.

가파른 경사 때문에
목숨을 걸어야 하는
공사로구나!

비가 내려 위험한 상황에서도
목숨 걸고 일하고 있어.
저들을 봐서라도 가치 있는
집을 지어야 해.

안도 다다오는 록코 집합 주택이 완성되기까지
현장에서 일하는 근로자들과 많은 시간을
보냈습니다. 교감을 통해 서로를 이해하여 조금 더
훌륭한 집을 짓기 위해서였습니다.

르코르뷔지에의
'유니테 다비타시옹' 같은
집합 주택을 짓고 싶어요.

어떤 건물인데요?

건물의 꼭대기 층에는 보육원,
그 밑에는 유치원이 있었어요.
게다가 옥상에는 수영장, 체육관,
일광욕실 같은 옥상 정원이
꾸며져 있었죠.

그곳에 살 사람들을
세심하게 배려한
주택이었군요!

네, 사람들의
행복을 위해 건축이
얼마나 큰 역할을
할 수 있는지
그때 깨달았지요.

하지만 아직도 돈이 많은 사람들은 이런 집합 주택보다는 편리하고 세련된 미국식 주택을 선호한대요.

아직도 우리와 환경과 정서가 다른 미국식을 좇는 사람들이 있다니, 속상하군요.

그런 생각을 하는 사람들은 이곳에 사는 사람들의 행복에 대해 모를 거예요. 모여 살기 때문에 누릴 수 있는 행복 말이에요.

록코 집합 주택 같은 집이 더 많이 생겨야 해요!

그래서 나는 이런 집합 주택을 계속해서 지을 거예요. 사람 냄새와 사람의 흔적이 느껴지는 그런 집이요!

환경을 생각하는 건축가이기도 한 안도 다다오는 금속 제련 산업의 영향으로 자연이 심하게 황폐해진 작은 섬 나오시마로 향했습니다.

망가진 저 섬을 아름다운 섬으로 되살리겠어!

환경 오염으로 숲이 많이 망가졌어요.

여기서 좀 떨어진 곳에 300여 년에 걸쳐서 지어진 오래된 민가가 있다던데, 어디 있는지 아세요?

여기예요.

이곳 역시 빈집이 많군요.

젊은 사람들은 도시로 떠나고 노인들만 남았기 때문이죠.

그래도 예전에는 관광객이 많이 찾아 왔었는데……

마을을 살리기 위한 '집 프로젝트'를 시작해야겠어요.

집 프로젝트요?

저걸 봐! 쓰러져 가던 집들이 보기 좋게 되살아나고 있어.

우선 마을을 아름답게 가꾸어야 해요. 그래야 관광객이 찾아와서 마을의 수입이 늘지요.

맞는 말이야. 나도 집에 가서 꽃밭을 만들겠어.

주민 스스로 움직였더니, 마을이 되살아났어요!

미래를 위해서는 현재의 편리한 생활과 욕심을 줄여야 해요.

이러한 생각을 세계의 많은 사람이 가져야 해요.

성공한 건축가이자 환경 지킴이로 유명해진 안도 다다오는 TV 프로그램에 출연하기도 했습니다.

안도 다다오 씨, 건축가가 나무를 심는 이유는 무엇인가요?

환경은 누가 주거나 받을 수 있는 것이 아니에요. 환경을 바꾸는 것이 곧 우리 자신을 바꾸는 것이고, 어린이의 미래를 위한 첫걸음이기도 하지요.

그렇다면 환경을 위해 어떤 건축을 하고 있나요?

자연이요!

자연이에요!

자연이 훨씬 좋아요!

그럼 어린이를 좋아하고 관심을 기울이는 이유는 무엇이죠?

어린이가 건강해야 그 사회가 건강한 법이니까요!

안도 선생님은 독학으로 건축가가 되셨어요. 건축가로 성공한 지금도 책을 많이 읽는 이유는 무엇인가요?

책은 지식을 얻기 위한 수단이 아니라, 사고를 확장해 주는 계기를 마련해 주지요.

이제 알겠어요. 그동안 매우 독창적인 선생님의 작품을 보며 생각의 한계가 어디까지인가 궁금했었거든요.

그런데 그게 모두
독서의 힘이었군요.

안도 다다오는 세계 곳곳에서 강연회 초대를 받았고,
아시아, 유럽, 미국 등 여러 나라에서 그의 강연을
듣고자 사람들이 몰려왔습니다.

제가 미국 여행을
갔을 때였어요. 한 가정에서
하룻밤 신세를 진 적이
있었죠.

생활하는 데
꼭 필요한 물건 외에는
아무것도 갖추지 않았구나!

그들의 군더더기 없는
생활 방식과 삶,
소박한 가구에
감명을 받았지요.

현대의 사람들은 많은
물건을 가졌음에도 더
많이 가지려고 해요.
하지만 그것이
문제예요.

…….

저는 소박한 생활을
하면서도 행복하게 살 수
있는 건축을 꿈꿉니다.

선생님, 건축 주재료로
노출 콘크리트를
사용하는 이유가
무엇인가요?

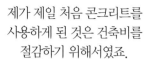
제가 제일 처음 콘크리트를 사용하게 된 것은 건축비를 절감하기 위해서였죠.

와하하~ 솔직하시네요.

콘크리트는 큰 공간을 값싸고 자유롭게 만들 수 있다는 장점이 있어요. 그리고 노출 콘크리트는 일본의 전통 건축이 보여 주는 단순성을 가장 잘 표현하는 재료라고 생각했지요.

그런데 콘크리트가 주는 거친 느낌을 어떻게 극복했나요?

나무와 종이로 만든 집에서 오래 살아온 일본인은 섬세한 감성이 몸에 배었어요. 그래서 일본인에게 콘크리트는 맞지 않지요.

저는 섬세한 콘크리트를 만들기 위해 재료의 혼합 비율을 연구해 새로운 방법을 찾아냈어요.

지금은 일본 어디를 가더라도 깨끗한 노출 콘크리트 건물을 볼 수 있는데, 그건 모두 안도 다다오의 노력 덕분이었군. 정말 남다른 삶과 철학을 가진 뛰어난 건축가야!

어르신,
안녕하세요?

요즘에도 바쁜가?
세계적으로 유명한 건축가인
안도 다다오가 우리 오사카
출신이어서 정말 자랑스러워.

어릴 적 그 개구쟁이가
저렇게 크게 성공할 줄이야!

하하하,
별말씀을요.

책을 폭넓게 많이 읽으렴.
그래야 생각이 깊고 따뜻한
사람이 될 수 있단다.

안도 다다오에게는 꼬리표처럼 따라다니는 별명이
있습니다.
'독학으로 건축을 공부한, 권투 선수 출신의 건축가.'
안도 다다오는 셀 수 없이 많은 패배를 경험했습니다.
자신에 관한 편견 때문에 독창적인 설계도를 보지도
않고 외면해 버리는 사람들 때문에 너무 힘들어서
그만두어야겠다는 생각을 한 적도 많습니다.
하지만 그는 또 도전했습니다. 창조는 역경 속에서
비로소 발견된다는 것을 알았기 때문입니다.
어떠한 건물을 지을지 구상하는 것이 즐겁고, 도면을
그리기 시작하면 밥을 먹는 것까지 잊어버린다고
말하는 안도 다다오.

끝없는 노력과 탐구 정신으로 거친 질감의
콘크리트를 대리석처럼 반들거리는 질감으로
재탄생시킨 안도 다다오는 건축의 새로운
*패러다임을 제시한, 노출 콘크리트의 꽃을 피운
시인으로 일컬어지고 있습니다.

*패러다임: 사물에 대한 이론적인 틀이나 체계

who?와 함께라면
미래가 보인다

어린이
진로 탐색

건축가

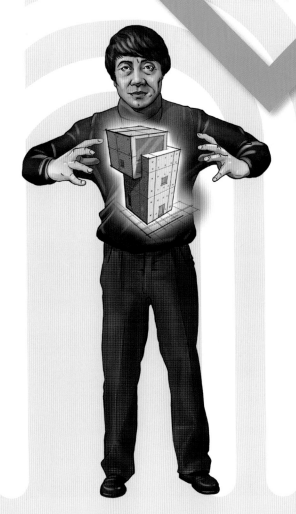

어린이 친구들 안녕?
안도 다다오 이야기 재미있게 읽었나요?

그렇다면 이제부터
안도 다다오가 꿈을 키워 가는 과정을 함께 되짚어 보며
그가 활동한 분야와 그 분야에 속한 다양한 직업에 대해
살펴봐요!

또한 여러분에게는 어떤 장점과 적성, 가능성이
숨어 있는지 찾아보면서
그것을 어떻게 진로와 연결시킬 수 있는지에 대해서도
알아봅시다.

그럼 지금부터
여러분이 멋진 꿈을 향해 나아갈 수 있도록 도와줄
진로 탐색을 시작해 볼까요?

자기 이해부터
진로 체험까지,
다양한 진로 탐색
활동을 시작해 봐요!

혼자서도 잘하는 것을 알아보아요!

안도 다다오가 초등학생일 때, 외할머니는 다다오 혼자 병원에 가서 수술받도록 했어요. 다다오는 무척 무서웠지만 외할머니가 뒤에서 지켜보며 걱정하고 있다는 사실을 알고 용기를 냈답니다. 안도 다다오는 이런 외할머니의 교육 덕분에 자립심을 기를 수 있었고, 이는 훗날 독학으로 건축 공부를 할 때 큰 힘이 되었답니다. 아침에 일어나 잠자리를 정리하거나 자기가 먹은 그릇은 스스로 치우는 것과 같은 작은 일이라도 스스로 하면 자립심이 길러져요. 여러분도 안도 다다오처럼 혼자 힘으로 어떤 일을 해냈던 경험이 있나요? 그때의 경험을 적어 보세요.

✳ **어떤 일을 스스로의 힘으로 해냈나요?**

• 처음으로 혼자 병원에 가서 진찰을 받고, 약도 타 왔어요.

•

•

•

✳ **그 일을 해내기 전에 어떤 감정이 들었나요?**

•

•

•

✳ **그 일을 해낸 다음에 어떤 기분이 들었나요?**

진로 탐색 STEP 2

여행을 간다면 무엇을 하고 싶나요?

독학으로 건축을 공부하던 안도 다다오는 세계 곳곳의 유명한 건축물들을 직접 보기로 결심하고, 돈을 모아 일본과 유럽 일대를 여행했어요. 그는 일본의 옛 건축물을 보며 일본 전통 건축에 대한 긍지를 가지게 되었고, 유럽의 다양한 건축물을 보며 많은 영감을 받았답니다.

여러분의 관심사는 무엇인가요? 만약 여러분이 자신의 관심사와 관련된 것을 경험하기 위해 여행을 떠난다면, 어느 나라에서 무엇을 하고 싶은지 적어 보세요.

나의 관심사	나의 관심사와 관련해서 가고 싶은 지역 또는 국가	그곳에서 하고 싶은 일
건축	제주도	세계적인 건축가 안도 다다오가 만든 건물인 본태 박물관을 구경하고 싶어요.

진로 탐색 STEP 3

안도 다다오와 르코르뷔지에를 비교해 보아요!

안도 다다오는 프랑스 출신의 건축가, 르코르뷔지에를 존경했어요. 한 달 가까이 돈을 모아 르코르뷔지에의 작품집을 샀고, 유럽 여행을 갔을 때에도 그의 건축물이 있는 곳을 찾아다녔지요.

그럼 안도 다다오와 르코르뷔지에의 건축물을 비교해 보며, 두 사람의 건축 세계를 살펴볼까요?

안도 다다오		르코르뷔지에
	대표적 건축물	
	그 건축물의 모습	
	그 건축물의 특징	
	그 건축물을 보고 느낀 점	

184

나만의 건물을 지어 보아요!

안도 다다오는 여러 가지 독창적인 건축물을 남겼어요. '스미요시 나가야'는 작은 개인 주택인데, 건물 가운데에 지붕이 없는 뜰이 있어서 집 안에서도 자연을 느낄 수 있어요. '빛의 교회'는 정면의 벽에 뚫어 놓은 십자형 창으로 빛이 들어와서 교회의 신성함을 극대화했지요.

만약 여러분이 안도 다다오 같은 건축가라면 어떤 건물을 짓고 싶은가요? 집, 학교, 도서관, 병원 등 주변에 있는 건축물들을 관찰해 보고, 여러분이 짓고 싶은 건축물을 그려 보세요.

✳ 여러분이 짓고 싶은 건축물을 그려 보세요.

✳ 여러분이 짓고 싶은 건축물의 이름을 짓고, 그 건축물의 특징을 적어 보세요.

185

건축가가 되기 위한 준비

안도 다다오 같은 훌륭한 건축가가 되고 싶다면 어떤 노력이 필요할까요? 안도 다다오가 어떻게 건축을 공부했는지, 또 어떻게 성공했는지를 되짚어 보세요. 그리고 건축가가 되기 위해서 여러분이 앞으로 해야 할 일들을 구체적으로 계획해 보세요.

	안도 다다오가 한 일	내가 하고 싶은 일
10대	도쿄 여행 중 프랭크 로이드 라이트가 설계한 건물을 보고 깊은 인상을 받았어요.	
20대	독학으로 건축을 공부한 뒤, 건축 사무소를 세웠어요.	
30대	좁은 땅에 뜰이 있는 '스미요시 나가야'를 지었어요.	
40대	대학에서 학생들을 가르쳤어요.	
50대	세계적인 건축상을 받았어요.	

한국 고건축 박물관에 가요!

안도 다다오는 본격적으로 건축가가 되기 전, 일본 곳곳을 여행하며 일본만의 건축 특징을 관찰했어요. 안도 다다오와 같은 건축가가 꿈이라면 우리의 옛 건축물들에 관심에 가져 보는 게 어떨까요?

한국 고건축 박물관에서는 정교하게 제작된 우리나라의 유명한 건축물을 한자리에서 만나 볼 수 있습니다.

한국 고건축 박물관은 전통 건축이 발달해 온 역사를 널리 알리기 위해 세워진 곳으로, 충청남도 예산군에 위치하고 있습니다. 우리 역사상 주요한 건축물의 모형이 전시되어 있어요. 실제 크기의 10분의 1에서 5분의 1 정도이지만 매우 정교하게 제작되어 그 건축물의 생김새와 구조를 잘 살펴볼 수 있답니다.

제1전시관에는 국보 1호인 숭례문을 비롯해 덕수궁 중화전, 화엄사 각황전 등 크고 웅장한 전통 건축물의 모형들이 있고, 옛 건축가들이 사용한 도구들도 전시되어 있습니다. 제2전시관에는 무위사 극락전, 부석사 무량수전, 봉정사 대웅전 등 국보나 보물로 지정된 사찰 건축물의 모형들이 있어요. 또 야외 전시관에는 서울에 있는 팔각정과 강릉에 있는 객사문이 원형 그대로 복원되어 있답니다.

이곳을 둘러보면 어떻게 못을 사용하지 않고도 튼튼한 건물을 세웠는지, 어떻게 건물이 자연과 조화를 이룰 수 있도록 설계했는지 등 우리 전통 건축의 특징을 알 수 있답니다.

한국 고건축 박물관은 한국 고건축 장인이자 무형 문화재인 전흥수 관장이 설립한 곳입니다.

안도 다다오

1941년	오사카에서 일란성 쌍둥이로 태어납니다.
1958년 17세	도쿄 여행에서 건축가 프랭크 로이드 라이트가 설계한 데이코쿠 호텔을 보고 감명받습니다. 프로 권투 선수 자격을 얻습니다.
1962년 21세	독학으로 건축 공부를 시작합니다.
1963년 22세	일본을 일주하며 다양한 건축물을 돌아봅니다.
1965년 24세	유럽 건축을 둘러보기 위해 여행을 떠납니다.
1969년 28세	안도 다다오 건축 사무소를 설립합니다.
1976년 35세	스미요시 나가야를 완성합니다.
1979년 38세	스미요시 나가야로 일본 건축 학회상을 수상합니다.
1983년 42세	롯코 집합 주택으로 일본 문화 디자인상을 수상합니다.
1987년 46세	예일 대학교 객원 교수로 취임합니다.
1988년 47세	컬럼비아 대학교 객원 교수로 취임합니다.

1990년 49세	하버드 대학교 객원 교수로 취임합니다.
	상가 건물인 타임즈를 완성합니다.
1991년 50세	미국 건축가 협회(AIA) 명예 회원이 됩니다.
1992년 51세	제1회 칼스베르크 건축상을 수상합니다.
1993년 52세	영국 왕립 건축가 협회(RIBA) 명예 회원이 됩니다.
1994년 53세	제26회 일본 예술 대상(오사카 부립 치카츠 아스카 박물관)을 수상합니다.
1995년 54세	1995년도 건축계의 노벨상인 프리츠커 건축상을 수상합니다.
1997년 56세	도쿄 대학 공학부 건축학과 교수로 취임합니다.
2003년 62세	도쿄 대학에서 정년 퇴임한 뒤, 명예 교수 자리에 오릅니다.
2018년 74세	암 투병 중에도 왕성하게 활동합니다.

찾아
보기

who? 인물 중국사 (전 30권)

who? 한국사 (전 40권)

58명의 인물 한국사 이야기를 만화로 읽으며,

선사 시대부터 조선 시대까지 우리나라 역사의 흐름을 꿰뚫는다!

만화로 만나는 세상을 바꾼
위대한 인물들의 이야기